일상 성찬

# 일상 성찬

지은이 | 주종훈 이상예
초판 발행 | 2019. 4. 10
2쇄 발행 | 2025. 7. 16
등록번호 | 제1988-000080호
등록된 곳 | 서울특별시 용산구 서빙고로 65길 38
발행처 | 사단법인 두란노서원
영업부 | 2078-3333   FAX | 080-749-3705
출판부 | 2078-3331

책값은 뒤표지에 있습니다.
ISBN 978-89-531-3453-9 03230

독자의 의견을 기다립니다.
tpress@duranno.com   www.duranno.com

ⓒ 이 출판물은 저작권법에 의해 보호를 받는 저작물이므로
   무단 전재와 무단 복제, 무단 사용을 할 수 없습니다

두란노서원은 바울 사도가 3차 전도여행 때 에베소에서 성령 받은 제자들을 따로 세워 하나님의 말씀으로 양육하던 장소입니다. 사도행전 19장 8-20절의 정신에 따라 첫째 목회자를 돕는 사역과 평신도를 훈련시키는 사역, 둘째 세계선교(TIM)와 문서선교(단행본·잡지) 사역, 셋째 예수문화 및 경배와 찬양 사역, 그리고 가정·상담 사역 등을 감당하고 있습니다. 1980년 12월 22일에 창립된 두란노서원은 주님 오실 때까지 이 사역들을 계속할 것입니다.

삶의 모든 영역을
그리스도와 연결하는 방식

일상 성찬

주종훈 이상예 지음

두란노

목차

추천의 글 6
여는 글 먹고, 사랑하고, 예배하기 15

1장 함께 먹고 마시는 우리, 그리스도인 27
2장 감사의 식탁에서 먹고 마시기 47
3장 기억의 식탁에서 먹고 마시기 67
4장 사귐의 식탁에서 먹고 마시기 87
5장 분별의 식탁에서 먹고 마시기 109
6장 정의의 식탁에서 먹고 마시기 129
7장 성장의 식탁에서 먹고 마시기 151
8장 참된 복음의 식탁에서 먹고 마시기 171

닫는 글 그리스도의 초대 190

추천의 글

이 책은 성찬의 다양한 신학적, 실천적 의미를 쉽고 설득력 있게 제시합니다. 한국의 개신교회는 전통적으로 설교 중심의 예배를 드려 왔습니다. 그러다 보니 성찬을 자주 행하지 않았을 뿐 아니라, 성찬을 행할 때 '그리스도의 수난과 죽음'에만 초점을 맞추는 경향이 있었습니다. 그래서 말씀과 성찬의 조화를 통해 얻을 수 있는 신앙 형성의 유익을 누리지 못해 왔습니다.

최근 들어 성찬에 대한 관심이 높아지면서 보다 빈번히 성찬을 시행해야 한다는 공감대가 형성되긴 했으나, 왜 우리가 성찬을 시행해야 하며, 어떻게 하면 공동체 안에서 보다 풍성한 성찬을 기획하여 누릴 수 있을까에 대한 접근은 빈약했다고 생각합니다. 이런 측면에서 이 책은 예배학을 제대로 연구하고 오랫동안 깊은 묵상을 실천해 온 학자요 묵상가의 시각에서 성찬의 의미를 다루고 있습니다. 무엇보다 한 사람의 신실한 배우자로서, 목회자와 선교사로서, 학생과 타문화인을 섬기는 사역자로서 오랫동안 성찬을 경험하고 숙고한 내용이 때로는 논리적으로, 때로는 서정적인 필치로 기록되어 있습니다. 말씀과 성찬의 조화를 열망하며 성찬의 깊은 의미를 배우길 원하는 모든 분들에게 일독을 권합니다.

문화랑 고려신학대학원 예배학 교수

마르틴 루터(Martin Luther)는 말씀을 '기록된 말씀'(Written Word, 성경), '선포된 말씀'(Spoken Word, 설교), '보이는 말씀'(Seen Word, 성찬)으로 이해했습니다. 말씀은 하나님의 은혜를 전하는 방편입니다. 그런데 현대 교회에서는 '보이는 말씀'인 성찬을 통한 은혜의 경험이 매우 약화되었습니다. 적지 않은 교회가 성찬식을 일 년에 두세 차례 의례적으로 치르고, 대다수의 성도들도 성찬식에 대한 기대감이 낮습니다. 정말 성찬식이 그 정도의 의례적인 행사에 불과한 것일까요?

이 책은 이런 심각한 물음에 답을 제시하기 위해 다양한 각도에서 성찬의 의미를 보여 줍니다. 저자는 가장 먼저 성찬의 의미를 감사에서 찾습니다. 감사가 중요한 이유는 하나님의 주권에 대한 고백이기 때문입니다. 감사는 하나님을 위한 인간이 되도록 이끕니다. 성찬식을 제대로 인도하고 참여하면 이런 감사를 경험할 수 있습니다.

성찬의 두 번째 의미는 기억이라고 말합니다. 하나님의 은혜에 대한 기억은 하나님과 인간의 관계를 돈독하게 합니다. 성찬식이 제대로 시행될 때 은혜에 대한 기억이 살아납니다. 성찬의 세 번째 의미는 사귐입니다. 여기서 말하는 것은 하나님과의 사귐 그리고 이웃과의 사귐입니다. 사귐에서 연합이 나오기에 성찬을 커뮤니온(Communion, 연합)이라고 부릅니다. 성찬을 제대로 시행하면 하나님과 성도들 사이에 바른 사귐과 연합이 이루어집니다. 네 번째는 분별입니다. 성찬을 준비하면서 자신의 죄를 분별하고 회개하면서 성화를 이루기 때문입니다.

다섯 번째는 정의라고 말합니다. 여기서 정의는 차별이 없는 것입니다. 성찬이 제대로 시행되면 차별이 사라집니다. 여섯 번째는 성장인데, 성경이 말하는 성장은 몸집이 커지는 것이 아니라, 본연의 모습으로 지어져 가는 것이라고 이 책은 정의합니다. 성찬에 제대로 참여하면 참된 성장이 이루어집니다. 일곱 번째는 복음입니다. 세상의 다른 복음과 구별되는 예수님의 복음을 제대로 깨닫게 하는 것이 성찬 예배라는 것입니다. 나아가 복음을 증언하도록 동기를 부여한다고 말합니다.

이 책은 성찬의 의미를 알기 쉽게 썼지만 그 내용은 매우 깊습니다. 그리고 일상에 적용할 수 있는 풍성한 지혜를 제공합니다. 이 책의 결론처럼, 목회자는 바른 성찬을 인도하고 성도들은 바른 태도로 성찬에 참여함으로써 우리의 신앙과 삶이 바른 변혁으로 형성되기를 바랍니다.

박성규 부전교회 담임목사

오늘날 한국 교회는 영성의 깊이가 과거에 비해 너무 얕아졌다는 반성을 하고 있습니다. 삶의 가치관과 태도에서 비기독교인과 별 차이가 없는 목회자와 성도들이 많아졌습니다. 최근 일어나고 있는 기독교의 영성 운동은 이런 현상에 대한 반성에 기반을 둔 모색입니다. 기독교 영성의 깊이는 당연히 하나님과의 만남이 얼마나 깊은가에 달려 있습니다. 그리고 하나님과의 깊은 만남을 경험할 수 있는 가장 핵심적인 은총의 도구가 바로 성찬입니다. 영성의 깊이는 성찬을 대하는 공동체의 태도와 정비례합니다.

그런 점에서 한국 교회는 성찬을 어떻게 대하고 있는지 잠시 살펴보십시오. 성찬식은 상징일 뿐이므로 일 년에 네 번만 거행하면 충분하다는 신학을 따르는 교회, 그리고 성도의 수가 너무 많아져서 물리적으로 성찬식을 거행하기 힘들다는 현실적 제약을 내세우는 교회들이 주변에 많습니다. 그러나 다행스럽게도 성찬을 통한 영성의 중요성을 인식하고 성찬식을 점차 월 1회 또는 주 1회로 늘려가는 교회들도 늘어나고 있습니다.

이러한 상황에서 《일상 성찬》은 참으로 시의적절한 책입니다. 신앙생활에서 성찬의 중요성을 잘 강조하며 성찬의 다양한 요소들을 균형 있게 설명합니다. 성찬은 함께 먹고 마시는 것입니다. 성찬은 감사의 식탁입니다. 성찬은 기억의 식탁입니다. 성찬은 사귐의 식탁입니다. 성찬은 분별의 식탁입니다. 성찬은 정의의 식탁입니다. 성찬은 성장의 식탁입니다. 성찬은 참된 복음의 식탁입니다. 예배학 박사인 저자는 이 책에서 전문 용어를 사용하기보다는 최대한 쉽게 성찬을 설명합니다. 아울러 각 장의 도입 부분에 진실하게 소개하는 케냐 선교사로서의 삶은 정말 감동적입니다. 이 책이 목회자와 성도들에게 많이 읽혀서 한국 교회에 성찬의 영성을 회복하는 데 기여하기를 바랍니다.

이강학 횃불트리니티신학대학원대학교 기독교영성학 교수

기독교 예배학으로 박사 학위를 받고 케냐를 거쳐 우크라이나에서 선교 사역을 하고 있는 주종훈 목사님을 통해 성찬의 다양한 신학적 의미를 배울 수 있게 된 것을 기쁘게 생각합니다. 목사님은 전통적으로 접해 오던 기념 예식으로서의 성찬만이 아니라, 오감을 통해 물질의 영역에서 하나님과 관계를 맺어 가는 방식으로의 성찬, 거듭난 그리스도인의 삶을 이해하고 변화된 삶을 형성하는 방식으로서의 성찬에 대해 설명합니다.

그리스도인의 정체성, 하나님에 대한 감사, 그리스도에 대한 기억, 하나님과 사람과의 사귐, 받아 주고 받아들여지는 상호

용납의 자세, 차별을 넘어 서로 기다려 주는 정의, 균형 있는 성장, 참된 복음을 공유하는 식탁 공동체 등에 대한 각 장의 설명은 성찬이 구원의 서정(the order of salvation)과도 얼마나 깊은 관계를 가지고 있는지를 알려 줍니다.

성찬을 예수님의 마지막 만찬을 기념하는 것으로만 이해하는 경향이 짙은 한국 교회에, 성찬의 통전적 이해를 돕는 귀한 책이 발간됨을 감사하며 기쁨으로 추천합니다. 목회자들에게는 좋은 설교 자료가 될 것이고, 성도들에게는 하나의 예식으로만 이해되었던 성찬을 은혜와 감격으로 받아들이게 되는 계기가 될 것입니다.

정명호 혜성교회 담임목사

그리스도인에게 가장 중요한 신앙의 경험 중 하나는 바로 성찬입니다. 성찬은 예수 그리스도와 연합하는 경험이며, 그 성찬에 참여하는 공동체원과 그리스도 안에서 하나 됨을 보여 주는 거룩한 의식입니다. 그런데 언제부터인가 성찬이 한국 교회에서는 단순히 교리나 예배 의식의 차원에서만 이해될 뿐 그리스도인의 삶과 연결되지 못하는 것 같아 안타까웠습니다. 이러한 한국 교회의 현실 속에서 저자는 성찬에 대한 일반적 오해들을 신학적으로 잘 정리하여 설명할 뿐 아니라, 나아가 우리들이 살아가는 일상과 성찬의 의미를 연결해 적용합니다.

저자는 성찬을, 그리스도인으로서 내가 누구인지를 보여 주는 정체성 형성의 행위이며 그리스도인의 삶의 양식을 규정해 주는 거룩한 의식이라고 말합니다. 그리스도 안에서 함께 먹고 마시는 성찬의 행위는 각 개인이 예수 그리스도와 어떤 관계인지를 보여 주는 동시에 그 성찬에 참여하는 신앙 공동체원들과 어떤 신앙의 동질성을 갖는지 명확히 보여 준다고 강조합니다. 그리고 교리를 넘어 우리의 삶을 거룩하게 형성하고 변혁하는 삶의 동력으로 설명합니다.

이 책은 예배학을 전공한 저자가 신학적으로 고민한 성찬의 의미와 내용을 일상의 언어로 써 내려가면서 딱딱하게만 느껴졌던 성찬이 우리의 신앙과 삶에서 얼마나 아름답고 유익한 것인지를 보여 줍니다. 특히 저자는 우리의 일상에 공통적인 식탁의 경험을 토대로 성찬 식탁의 의미를 유추하고 해석하여 독자들에게 더 친근감 있게 성찬의 의미를 설명합니다. 이 책은 그

야말로 우리가 성찬에 참여할 때 누리게 될 감격의 실체들을 건강한 신학적 반추를 통해 잘 정리해 주는 책입니다.

저자의 학문의 여정과 일상의 모습을 잘 알고 있기에, 이 책에서 이야기하는 성찬의 의미와 경험들이 얼마나 진솔하고 감격적인 고백인지 느껴집니다. 그래서 본서의 강점은 성찬의 신학적 요약과 해석이 아니라, 성찬을 통해 그리스도와 연합하고 동행하는 삶으로 인도하는 것입니다. 성찬의 참된 의미를 배우고, 실제 예배와 일상에서 적용하기 원하는 모든 그리스도인들에게 이 책을 강력하게 추천합니다.

함영주 총신대학교 기독교교육학과 교수

여는 글

먹고, 사랑하고, 예배하기

"너희는 여호와의 선하심을 맛보아 알지어다"(시 34:8).

첫 경험은 중학생 때였습니다. 세례를 받은 직후, 난생 처음 예수님의 살을 대면했던 것입니다. 목사님은 가지런히 놓여 있는 손톱만한 크기의 백설기가 그분의 살이라고 했습니다. 아직 메타포가 익숙하지 않았던 터라, 아마도 예수님은 백인일 것이라는 다소 엉뚱한 추측을 했습니다. TV에서나 보았던 백인은 먼 세상의 낯선 사람일 뿐이었습니다. 게다가 그 백설기는 이미 딱딱하게 굳어 있었습니다. 낯선 백인의 살, 그것도 딱딱한 떡을 씹는 일이 편할 리 만무했습니다. 옆자리에 앉아 있던 세례 동기는 손가락을 자꾸 입속에 쑤셔 넣었습니다. 이 사이에 그분의 살이 끼었던 것입니다. 한 점도 허투루 흘리지 않겠다는 결연한 의지라도 보여 주는 것처럼, 녀석은 손가락을 성실히도 빨았습니다.

포도주가 빨간 것은 그나마 다행이었습니다. 그분의 피가 나와 같다는 사실이 친근감을 느끼게 해 주었기 때문입니다. 처음 맛본 예수님의 피에는 알코올 성분이 살아 있었습니다. 그것의 역사는 참 대단했습니다. 목구멍에서부터 뱃속까지 일직선을 그리며 내려가던 포도주는 하나님의 임재를 아주 강렬히 느끼게 해 주었습니다. 눈물이 핑 돌았던 것은 아마도 그때였던 것 같습니다.

그 후로 예수님의 살은 하얀 식빵으로 바뀌었다가, 나중에는 종류를 다 헤아릴 수 없는 다양한 빵 덩어리로 변신에 변신을 거듭했습니다. 그리고 그분의 피는 알코올 성분이 쏙 빠져 밍밍하기 그지없는 상태로 전락하고 말았습니다. 포도주가 포도주스로 바뀌면서 단맛 일색의 잔으로 변했던 것입니다. 각종 빵과 주스의 단맛에 점차 익숙해져 갔고, 성찬에 대한 감격 또한 차츰 무뎌져 갔습니다.

인간에게는 오감(五感)이 있습니다. 하나님이 사람에게 오감을 주신 이유는 창조주와 세상을 감각적으로 경험하게 하기 위해서입니다. 사람은 이성뿐만 아니라 시각, 청각, 후각, 미각, 촉각을 통해서도 하나님과 친밀하게 교제할 수 있습니다. 특별히 성찬은 보고, 듣고, 냄새 맡고, 맛보고, 만지는 오감 전체를 아우릅니다. 즉, 성찬은 모든 감각을 사용하여 그리스도께 반응하는 것입니다. 이러한 성찬은 인간이 아니라 그리스도가 직접 만드신 것이라는 점에서 매우 특별합니다.

주님은 먹고 마시는 행위를 통해 그리스도를 기념(기억)하라고 명령하셨습니다. 인간과 하나님과의 만남, 사귐의 장을 성찬을 통해 마련하신 것입니다. 이러한 성찬이 주장하는 것은 분명합니다. 인간과 관계를 맺으시기 위해 물질의 영역에서조차 자신을 감추지 않고 드러내시는 하나님의 은혜를 선포하는 것입니다.

그리스도는 성찬을 공동체 안에서 제정하셨습니다. 초

대교회부터 예배 공동체는 성찬을 그리스도가 제정하신 방식으로 실천하기 위해 노력했습니다. 성찬의 실천을 통해서 그리스도의 몸으로 지어져 간다는 확신을 갖고 있었습니다. 그래서 '그리스도의 몸'으로서의 '떡'을 받아먹을 때마다 함께 '그리스도의 몸'인 '교회'가 된다는 이해와 실천을 구체화했습니다. 오늘날 비교적 정형화된 의례로 실천하고 있는 성찬은 교회의 전통에서 오랜 역사를 통해 발전한 방식입니다. 처음에는 연회의 방식으로 먹고 마시기도 했고, 간단한 식사의 형태로 함께 교제를 나누는 방식도 있었습니다. 하지만 예배 공동체가 거대한 조직적 체계를 형성하기 시작한 4세기부터는 의례의 방식으로 고정되기 시작했습니다.

교회 공동체가 실천한 의례로서의 성찬은 그리스도의 가르침을 따라 발전시킨 구조와 내용을 갖고 있습니다. 먼저, 성찬은 그리스도가 제정하신 방식을 따라 떡을 먹고 잔을 받아 마십니다. 그리스도는 떡을 '취하시고', '하나님께 감사하고', '그것을 쪼갠 후', '나누어 주시는' 네 개의 구분된 동사와 동작을 보여 주셨습니다. 그러고 나서 떡을 가리켜 "너희를 위하는 내 몸이니 이것을 행하여 나를 기념하라"(고전 11:24)고 말씀하셨습니다. 이와 같은 방식으로 잔을 들고 "내 피로 세운 새 언약이니 이것을 행하여 마실 때마다 나를 기념하라"(고전 11:25)고 동일하게 말씀하셨습니다. 이 네 개의 구분된 동작과 떡과 잔의 의미를 보여 주는 말씀을 가리켜 '성찬 제정사'(the narrative of institution)라고 합니다. 성찬 제정사는 초대교회부터 오늘날에 이르기까지 교단과 전통에 상관없이 떡을 먹고 잔을 받아 마실 때 반드시 따르는 방식입니다.

역사적으로 교회 공동체는 의례로서의 성찬에 성찬 제정사와 함께 신앙고백, 그리고 하나님을 향한 기도를 포함시켰습니다. 함께 먹고 마시며 그리스도의 몸을 구성하는 교회 공동체는 서로 다른 시간과 장소에 있지만 하나의 신앙으로 연합된다는 것을 나타냅니다. 그리스도인들은 신앙고백을 통해서 믿음의 내용에 대한 '자신의 동의'를 선포하는 것이 아닙니다. 신앙고백을 통해서 자신이 다른 이들과 함께 공동체로서 '누구에게 속해 있는지에 대한 정체성'을 표현하는 것입니다.

신앙고백은 삼위 하나님이 어떤 분이신지에 대한 내용을 담고 있습니다. 신앙을 고백하는 것은 그리스도인으로서 자신의 결심을 선포하는 것이 아니라, 믿음의 대상인 삼위 하나님에게 온전히 속해 있고 또 참여한다는 것을 의미합니다. 이와 함께 삼위 하나님이 이루신 창조와 구원의 역사에 대한 온전한 감사를 고백합니다. 이것을 가리켜 '위대한 감사기도'(the great prayer of thanksgiving)라고 합니다. 이 기도는 유대인들이 유월절 식사를 할 때, 하나님의 위대한 창조와 구원의 완성을 위한 일하심을 기억하며 감사를 고백한 방식에서 유래했습니다. 초대교회는 성찬을 할 때마다 이러한 감사의 고백을 표현했고, 교회의 역사를 통해서 이 기도는 하나님의 위대한 사역을 기억하고 감사하는 방식으로 계속해서 발전해 왔습니다.

성찬의 또 다른 이름인 '유카리스트'는 '감사'를 뜻합니다. 그리스도인들은 떡과 잔을 먹고 마실 때 이 세상을 창조하신 하나님, 구원의 은총을 베푸신 그리스도, 그리고 온전한 회복을 위해 지금도 삶의 자리에서 역사하시는 성령님에게 드리는 감사의 기도를 포함합니다. 오늘날 우리가 참여하는 의례로서의 성찬이 지나치게 축소되고 감사의 의미를 상실한 이유 가운데 하나는 바로 이러한 신앙고백과 기도를 성찬에서 멀어지게 했기 때문입니다.

한편 이러한 성찬 의례는 그리스도에 대한 신앙고백을 통해 교회 공동체에 입문한 자들에게 주어지는 은혜의 방식입니다. 오늘날 교회 공동체에 입문하는 것에 대한 이해와 실천은 교단과 전통에 따라 서로 다릅니다. 세례는 신앙고백의 확증과 예배 공동체로의 입문에서 중요한 의례입니다. 세례가 공동체 입문 과정의 필수 조건이라면 성찬은 세례 받은 자들에게 해당하는 실천입니다. 만약 내적인 신앙고백을 공동체 구성의 중요한 기준으로 삼는다면 성찬은 스스로 그리스도에 대한 신앙을 고백하는 모든 자들에게 자유롭게 베풀어지는 실천입니다. 교회 공동체에의 입문(initiation)을 의례로서의 세례(baptism)로 구체화할 것인지, 그리스도를 향한 삶의 내어 드림과 헌신(dedication)으로 할 것인지는 각각의 공동체가 결정합니다. 하지만 공통점은 입문 과정과 성찬을 연결시키는 것입니다.

어린 아이들도 이 원칙에서 예외에 해당하지 않습니다.

중세 교회는 세례 받은 어린 아이들이 성찬에 참여하는 것을 금지시켰습니다. 성찬의 의미 전달과 수용을 위해 어린 아이들을 제한시킨 것입니다. 가톨릭의 예배를 갱신한 종교개혁 시대와 이후 많은 교회들은 중세 교회의 전통을 그대로 이어갔습니다. 하지만 오늘날 종교개혁의 전통을 발전시키고 있는 많은 교회들이 어린 아이들도 성찬에 참여하는 것을 다시 허용하고 회복하기 위해 많은 노력을 기울이고 있습니다.

이와 같이 초대교회부터 지금까지 꾸준히 실천해 온 예배의 방식이 성찬입니다. 그런데 성찬은 단지 의례로서의 정교함과 의미를 제시하는 데 그치지 않았습니다. 그리스도를 신실하게 따르는 그리스도인들은 의례로서의 성찬 참여와 경험을 확장해서 삶에 적용하기 위해 애써 왔습니다. 그리스도가 제정하신 성찬의 가르침과 의미를 삶으로 드러내기 위해 노력해 왔습니다. 즉, 물질을 먹고 마시는 행동을 통해서 그리스도의 임재를 경험하고, 그것을 삶의 모든 영역으로 확장시키면서 성찬을 실천해 온 것입니다. 그리스도의 임재를 경험하고, 그분과 지속적인 관계를 맺는 것은 기독교 신앙의 핵심입니다. 그런 점에서 성찬이 예배의 중심을 차지하고, 일상을 지배하는 중요한 의미를 준다는 것은 지극히 당연한 가르침입니다.

성찬은 먹고 마시는 일입니다. 이러한 일은 삶과의 밀접한 관계 속에서 유익한 영향을 줍니다. 즉, 기독교인들의 정체성을 형성하게 하고(1장), 하나님에 대한 마땅한 반응인 감사를 익히게 해 주며(2장), 우리 삶의 토대가 되는 기억을 지배하고(3장), 그리스도와의 깊은 사귐으로 인도합니다(4장). 또한 삶에서 필요한 분별력을 갖게 해 주고(5장), 공동체의 삶에서 반드시 필요한 하나님 나라의 정의를 실천하는 원리와 방식을 가르치며(6장), 신앙 성장의 필요성과 방식을 규정해 주고(7장), 참된 복음이 무엇인지 정확히 확인하고 그것에 반응하는 방식을 가르쳐 줍니다(8장). 이와 같은 신앙과 삶의 주제들은 그리스도가 성찬을 통해서 의도하신 것들입니다.

저는 가끔 먹고 마심 속에서 하나님의 임재로 충만해졌던 초대교회 성도들을 상상해 봅니다. 그에 비하면 우리의 성찬은 굳어진 화석처럼 답답하게 느껴집니다. 유산으로 이어져 내려와 면면히 실천은 되고 있지만, 알맹이를 잃어버린 껍데기 같습니다. 그러한 답답함과 안타까움이 이 책을 낳게 했습니다. 박제된 채 딱딱한 형식으로 축소된 성찬을 구해 내어, 살아 퍼덕거리며 일상을 움직이는 성찬으로 복원하고 싶었던 것입니다.

이 책은 성찬 본연의 의미를 구체적인 삶에 연결시키려는 시도입니다. 의례의 빈곤으로 축소되고 손실된 성찬 본연의 의미를 되새기면서 성찬이 우리의 일상생활에 어떤 의미를 갖고 있는지 살펴보고자 합니다. 성경이 세상의 지식과 구별되는 유일한 진리를 담고 있듯이, 성찬은 설교나 음악과는 구별된 신앙의 의미를 담고 있습니다. 즉, 성도들이 설교나 음악을 통해서 얻기 어려운 고유한 의미와 가치를 성찬을 통해서 발견하고 경험할 수 있는 것입니다.

은혜와 감격으로 충만했던 성찬을 이제는 시큰둥한 일로 받아들이게 된 성도님들이, 이 책을 통해 성찬의 깊은 영성을 맛보게 되기를 바랍니다. 믿음은 은혜로 주어지지만, 은혜는 우리의 참여와 반응을 요구합니다. 우리의 적극적인 노력과 참여를 가능하게 해 주는 은혜 안에서 성찬을 통해 하나님의 임재를 경험하는 일이 우리 가운데 풍성해지기를 소망해 봅니다.

함께 먹고 마시며 그리스도와의 연합을 배워 가고 있는 사랑하는 자녀 하영과 하진에게 늘 감사합니다. 그리고 같이 먹고 마심으로 하나님의 가족이 된 교회 공동체에게 감사합니다. 먹고 마심의 의미를 삶으로 제시하는 이 내용을 책으로 만들어 많은 분들과 함께 나눌 수 있도록 구체적인 도움을 주신 두란노 가족들에게도 감사합니다. 삼위 하나님의 하나 되심처럼, 우리 모두가 성령님의 도우심으로 성찬을 통해 온전히 하나로 연합되기를 간절히 기도합니다.

2019년 사순절을 지나며

주종훈 이상예

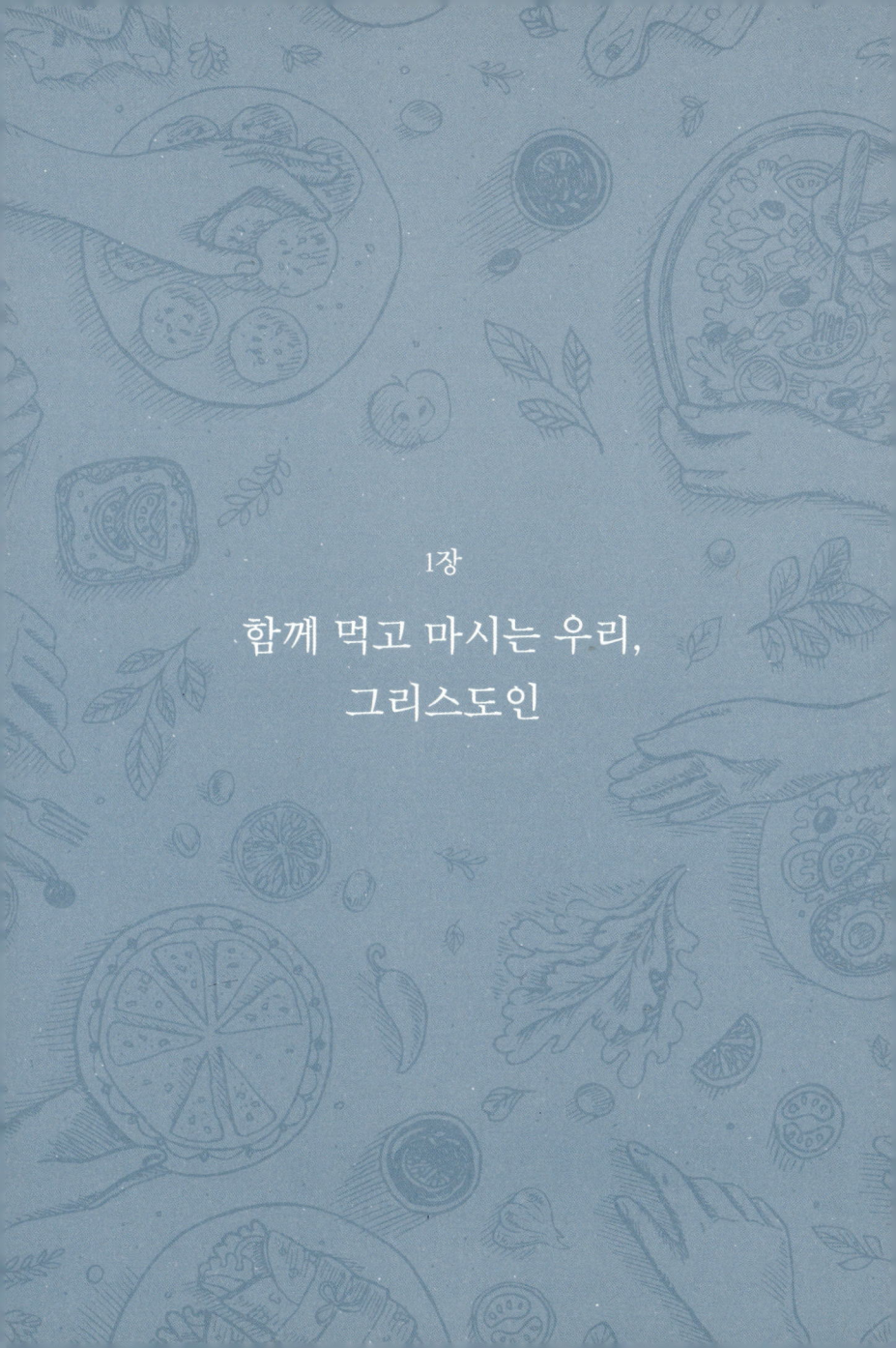

1장

함께 먹고 마시는 우리,
그리스도인

공동체의 식탁에서 ─────────────
읽는 말씀 ──────────────────

너희는 여호와께서 허락하신 대로
너희에게 주시는 땅에 이를 때에 이 예식을 지킬 것이라
출애굽기 12:25

그들이 사도의 가르침을 받아 서로 교제하고 떡을 떼며
사도행전 2:42

케냐에 선교사로 파송된 직후, 저희에게 맡겨진 첫 미션은 일명 '메뚜기 사역'이었습니다. 선교지에 한창 적응하던 기간이었기에 특별한 사역이 있을 리 없었습니다. 사역이라면, 없는 식재료로 삼시세끼를 꾸역꾸역 챙겨 먹는 것이었습니다. 별 일 없이 밥만 축내는 것이 못마땅해지기 시작할 즈음, 요상한 미션이 떨어졌습니다. 그것이 바로 메뚜기 사역이었습니다.

당시 묵상하고 있던 본문은 출애굽기였습니다. 하나님은 당신의 백성을 구출하기 위해서 이집트에 열 재앙을 차례로 보내고 계셨습니다. 마침 여덟 번째 재앙인 메뚜기 떼가 이집트에 당도했습니다. 녀석들은 일곱 번째 재앙인 우박의 피해에서 살아남은 것들을 모조리 먹어 치웠습니다. 바로와 신하들은 질겁했고, 모세와 아론을 서둘러 불러들였습니다. 메뚜기 떼의 사역은 그즈음에 끝이 났는데, 평가는 다음과 같았습니다.

'하나님의 거룩한 역사에 초대받은 메뚜기 떼는 하나님의 영광을 위해서 끝도 없이 먹어 임무를 완수했더라.'

하나님은 말씀을 통해 저희에게 먹는 일을 맡기셨습니다. 이집트 땅의 소출을 모조리 먹어 치운 메뚜기 떼처럼 케냐의 먹을거리들을 먹으라는 것이었습니다. 그래서 저희는 메뚜기들처럼 윙윙거리면서 케냐를 먹기 시작했습니다. 그 땅의 밀가루로 만든 빵을 먹었고, 그 땅의 풀을 주식으로 삼는 젖소의 우유를 마셨으며, 그 땅의 소출인 커피와 채소와 과일을 알뜰히 챙겨 먹었던 것입니다.

하나님의 임재와 먹고 마시기

사람에게 가장 중요한 일이 '먹고 마시는 것'이라고 하면, 대부분의 그리스도인들은 반감을 갖습니다. 사람의 제일 된 목적이 "하나님을 영화롭게 하고, 그분을 영원토록 기뻐하는 일"이라는 교리가 가슴 깊이 자리 잡고 있기 때문일 것입니다. 그러나 먹고 마시는 행위도, 하나님을 영화롭게 하고 그분을 영원토록 기뻐하는 일과 깊은 관계가 있습니다.

성경은 하나님의 임재를 풍성히 누리는 것을 먹고 마시는 일상의 행위와 연결시킵니다. 아담과 하와는 하나님의 임재를 먹는 것과 관련하여 경험했습니다. 그들은 선악을 알게 하는 열매를 제외하고, 에덴동산의 모든 열매를 먹으면서 하나님의 임재와 공급하심을 기뻐할 수 있었습니다(창 3장). 아브라함은 지나가는 나그네 세 명과 더불어 음식을 나누면서 하나님의 임재를 경험했습니다(창 18장). 모세와 이스라엘 공동체는 출애굽 이후 광야에서 만나를 먹으며 하나님의 임재를 경험하고 누리는 축복을 훈련했습니다(출 16장). 룻은 시어머니 나오미를 위해 먹을 양식을 줍는 과정에서 하나님의 임재와 역사를 누렸습니다(룻기). 그 외에도 구약의 많은 부분에 먹는 것과 하나님의 임재가 연결된 이야기가 있습니다.

신약의 경우는 훨씬 더 구체적으로 먹는 것과 하나님을

연결시킵니다. 예수님은 하나님 나라를 선포하고 증명하는 과정에서, 사람들과 함께 먹고 마시는 일에 많은 시간을 사용하셨습니다. 특별히 차별과 소외를 받던 사람들을 한 식탁으로 부르셨을 뿐만 아니라 당시 종교인들이 혐오하던 자들과도 함께 식사하셨습니다. 이렇듯 당시 사람들은 먹고 마시는 일상의 행위를 통해서 그리스도를 경험했습니다. 그리고 그리스도는, 하나님 나라가 잔치와 같고 잔치의 풍요로움은 이 땅에서 반드시 실현될 것이라고 선포하셨습니다. 나아가 예수님이 생애를 마무리하기 전에 행하신 일도 제자들과 함께 먹고 마시는 일이었습니다. 심지어 먹고 마시는 행위를 통해 자기를 기념하라고까지 가르치셨습니다.

초대교회는 더욱 적극적으로 먹고 마시는 행위를 예배 의식과 통합시켰습니다. 공동체 모임과 일상의 먹고 마시는 행위를 연결시켜서 독특한 의례로 정착시켰던 것입니다. 고린도교회는 함께 모여 하나님을 예배할 때마다 먹고 마셨습니다(고전 11장). 누가는 사도행전에서, 초대교회의 모임은 사도들의 가르침을 배우고 교제하고 떡을 떼는 식사를 하며 함께 기도하는 것이라고 소개했습니다(행 2:42). 이와 같이 초대교회는 하나님의 임재를 경험하고 그분을 영화롭게 하는 예배 안에 먹고 마시는 일상의 행위를 포함시켰습니다. 초대교회의 이러한 실천은, 그리스도의 임재를 경험하고 그분을 높여 드리는 방식으로서 먹고 마시는 일을 정착시킨 것입니다. 이후 3세기와 4세기를 거치면서 먹고 마시는 행위는 기독교 예배의 중심으로 정착되어 발전했습니다.

먹고 마심의 의미

초대교회는 먹고 마시는 행위야말로 그리스도의 임재를 가장 강력하게 경험시켜 준다는 태도로 예배를 발전시켰습니다. 그런데도 오늘날 그리스도인들은 먹고 마시는 일상의 일을 예배와 연결시키지 못할 뿐더러, 그것을 통해 그리스도의 임재를 확신하고 누리는 경험을 쉽게 하지 못합니다. 이것은 예배 때마다 먹고 마시는 행위를 포함시키지 않았기 때문이 아닙니다. 먹고 마시는 행위가 예배에서 어떤 의미를 지니고 있는지 모르고 있기 때문입니다. 어느새 그리스도인들은 먹고 마시는 것을 예배의 한 순서로 포함시키는 것조차 어색하고 불편하게 여기게 되었습니다. 전통적으로 지켜 왔다는 피상적인 이해 안에서 '떡과 잔'을 형식적으로 나누게 된 것입니다. 이제, 먹고 마심의 깊은 의미를 신앙과 삶에 연결시키는 것은 몹시 어려운 과제가 되어 버렸습니다.

초대교회 예배의 한 부분이었던 먹고 마시는 행위는 단순한 의식(儀式)이 아니었습니다. 그것은 의식을 넘어서서 기독교 신앙의 정체성을 드러내는 역할을 했습니다. 초기 그리스도인들은 '그리스도인은 누구인가?'라는 질문에 답해야 했습니다. 이것은 단순히 자신의 존재를 말로 설명하는 것 이상을 의미했습니다. 그들은 삶의 구체적인 모습을 통해서 신앙을 드러내야만 했습니다. 기독교가 또 하나의 종교 집단이나 사회적 계층이 아니라, 전혀 새롭게 창조된 실체임을 드러내야 했던 것입니다.

당시 그리스도인들은 유대교의 오래된 전통과 구별되어

야 했고, 헬레니즘 사회의 문화와도 다른 모습을 나타내야 했습니다. 유대교는 전통적인 선민사상에 따라 이방인과 자신을 철저히 구별하고 나누는 방식을 통해서 자신을 드러냈습니다. 헬라 사회의 문화는 서로 다른 계층과 더불어 여러 다양한 삶의 방식들을 존중하고 포용하려 했습니다. 이러한 두 원칙과 방향성이, 기독교가 자신의 정체성을 구현해야 하는 배경이었습니다. 다름과 철저한 구분을 강조하면서 스스로를 드러냈던 유대교와 다양성을 존중하는 헬라 사회 속에서 정체성을 찾는 것이 기독교의 과제였던 것입니다.

흥미로운 사실은, 유대교와 헬라 사회가 자신을 드러내는 삶의 방식에 먹는 것을 연결시켰다는 것입니다. 유대교는 전통에 따라 먹는 것을 깨끗한 것과 더러운 것으로 구분해 왔습니다. 먹는 것은 단순히 생명을 유지시켜 주는 것이 아니라, 그들의 삶을 이방인들과 구별시켜 주는 것이었습니다. 나아가 그들은 먹는 것을 통해 하나님께 선택받은 사람들이라는 우월감을 가졌습니다. 헬라 사회 역시 먹고 마시는 잔치로 유명합니다. 그들은 사회적 계층이 같은 사람들이나 상업적 동맹을 맺은 사람들끼리 먹고 마셨습니다. 그래서 당시 사람들은 특정한 모임과 잔치에 초대받는 것을 중요하게 여겼습니다. 그것은 특정한 사회적 지위를 인정받고 있다는 표시였기 때문입니다. 특정 계층에 속한 자들은 오직 그들만의 음식과 삶을 나눔으로써 다른 사람들과의 구별 짓기를 꾸준히 추구했습니다.

이와 같이 유대교와 헬라 사회는 먹고 마시는 것을 통해서 자신들이 누구인지를 선명히 드러내려 했습니다. 먹고 마시는 것은 단순한 생존 방식이 아니라, 자기 삶의 정체성을 찾고 가치를 부여하는 방식이었던 것입니다. 먹고 마시는 것을 통해서 정체성을 오롯이 한다는 점에서 기독교는 유대교나 헬라 사회와 다르지 않습니다.

먹고 마심의 모델

예수님의 제자들은 다양한 사람들과 다양한 모습으로 먹고 마시던 그분을 직접 지켜보았습니다. 그런데 예수님이 보여 주신 먹고 마심의 모델에는 분명한 특징이 있었습니다. 첫 번째는 음식의 종류와 관련됩니다. 복음서에 따르면 예수님은 사람들과 먹을 때 음식물의 종류에 대해서는 논하지 않으셨습니다. 복음서보다 이전에 기록된 바울 서신에 따르면, 초대교회 교인들은 유대교의 전통 속에서 먹었습니다. 특별히 그들은 고기 먹기를 주저했습니다. 이방 신전의 제의(祭儀)를 거친 후 시장으로 유통된 고기를 먹는 것이 유대교 전통에 부합하지 않았기 때문입니다. 그래서 많은 유대 그리스도인들은 채식주의를 선택하기도 했습니다.

그러나 이방 그리스도인들의 경우에는 유대교의 전통을 잘 알지도 못했고, 고기를 먹는 것에 별로 거리낌도 없었습니다. 이와 같은 먹을거리 문제는 유대 그리스도인들과 이방 그리스도인들 사이에 틈을 만들면서 분열을 일으켰습니다. 결국, 사도 바울은 교회의 통일성을 위해 먹을거리 문제를 구체적으로 다루지 않을 수 없었습니다(고전 8, 10장). 사도 바울은 심도 있는 논의를 통해 음식물과 관련한 문제를 분명하게 매듭지었습니다. "너희가 먹든지 마시든지 무엇을 하든지 다 하나님의 영광을 위하여 하라"(고전 10:31).

결과적으로 바울 서신들 이후에 쓰인 복음서에서는, 예수님이 사람들과 먹고 마실 때에 음식물의 종류에 대해서 왈가왈부하신 내용을 찾아보기 어렵습니다.

유대교 전통에서는 음식의 종류가 매우 중요합니다. 그런데 예수님은 먹고 마시는 일을 중요시 하셨으면서도, 유대교의 음식 구분법에 대한 논쟁에는 관여하지 않으셨습니다. 이후 사도행전 15장에서 살펴볼 수 있듯이, 초대교회는 음식물의 종류에 대해서 유대교와는 달리 폭넓은 자유를 허락했습니다. 결국, 먹고 마시는 일은 기독교 신앙의 정체성과 관련해서 여전히 중요한 일이었지만 무엇을 먹고 마시는가는 핵심적인 사안이 아니었던 것입니다.

예수님이 보여 주신 먹고 마심의 모델의 두 번째 특징은 누구와 함께 먹고 마시는지와 연관됩니다. 제자들은 예수님이 함께 먹고 마시던 사람들 때문에 혼란스러웠을 것입니다. 그분은 당시의 종교적, 사회적 통념을 깨트리셨습니다. 당시 사람들에게 음식의 종류보다 더 중요했던 것은 함께 먹는 자가 누구냐는 것이었습니다. 먹을 수 있는 음식과 먹지 못할 음식을 구분하는 것 이상으로, 함께 먹을 사람을 구별하여 선택하는 것은 매우 중요한 과제였습니다. 유대인들에게는 부정한 자들과의 접촉을 금하는 전통이 있었고, 헬라인들은 사회적 지위와 계층이 대등하지 않으면 함께 식사하는 경우가 거의 없었습니다.

그런데 예수님은 완전히 새로운 모습을 보여 주셨습니다. 유대인들이 같이 하기를 꺼려하는 부정한 자들과 함께 먹기를 마다하지 않으셨던 것입니다. 이것은 단순히 사역의 과정에서 끼니를 때우신 것이 아니라 종교적, 사회적 통념과 경계를 무너뜨리기 위해 의도적으로 행하신 일이었습니다. 심지어 예수님은 '먹기를 탐하고 포도주를 즐기는 사람'(마 11:19)이라는 치명적인 오해와 평가를 받기도 했습니다. 그럼에도 불구하고 예수님은 먹고 마시는 행위를 주저하지 않으셨습니다. 하나님 나라를 구현하는 과정에서 의도적으로 벽과 경계를 허물고, 차별 없이 사람들과 함께 먹고 마시는 시간들을 보내셨던 것입니다.

아무리 좋은 음식이라도 불편한 관계에 있는 사람들과 함께 먹는 일은 쉽지 않습니다. 더구나 사회적으로 서로 다른 계층의 사람들이 함께 먹고 마시는 것은 여간해서는 경험하기 힘든 일입니다. 이것은 모든 지역과 문화의 사람들에게 공통적일 것입니다. 함께 먹고 마시는 일은 단순히 배고픔을 해결하는 행위가 아니라, 자신의 위치와 관계를 규정하는 일이기 때문입니다.

초대교회의 먹고 마심

초대교회는 먹고 마심에 관한 예수님의 가르침을 삶으로 실천해야 했습니다. 음식의 종류를 제한하지 않음으로써 자신과 다른 사람들을 구분하는 전통을 깨트려야 했고, 동시에 서로 다른 계층, 특별히 사회적으로 신분이 낮은 사람들을 배제하지 않도록 경계해야 했습니다. 당시 초대교회 교인들은 이러한 과제들을 실천함으로써 기독교 신앙의 정체성을 드러냈습니다. 이것은 추가된 또 하나의 규례가 아니라 근본적인 변화와 전환이었습니다.

　초대교회는 유대인들이 부정하다고 여기는 음식을 먹는 형제들을 열등하거나 부적합하다고 생각하는 것을 금지

했습니다. 사회적, 경제적 지위가 유사한 자들끼리만 함께 먹는 비밀 회식도 금했으며, 모두가 차별 없이 식사를 누릴 수 있도록 권장했습니다. 이와 같이 초대교회는 먹고 마심을 통해 근본적인 변화와 전환을 경험했고, 그렇게 자신들의 정체성을 형성했습니다. 가장 기본적인 삶의 행위인 먹고 마시는 것을 새롭게 함으로써 교회의 교회다움을 오롯이 했던 것입니다.

나아가 초대교회는 먹고 마시는 일을 예배와 통합시켰습니다. 예배는 하나님과의 관계를 형성하는 영적인 행위입니다. 그런데 초대교회는 영적인 행위에 인간의 물질적 생존 방식인 먹고 마심을 통합시킨 것입니다. 이것은 인간의 가장 기본적인 삶의 방식이 하나님과 연결되어 있다는 신앙고백이라고 할 수 있습니다. 초대교회는 먹고 마시는 방식을 통해서 하나님과의 관계를 구체적으로 형성시켰습니다. 즉, 예배 의식에 또 하나의 순서를 추가한 것이 아니라, 예배의 가장 중요한 부분에 먹고 마시는 행위를 둠으로써 하나님과의 관계를 발전시켰던 것입니다.

함께 먹고 마시는 우리, 그리스도인

많은 그리스도인들이 삶의 구체적인 방식보다는 명분을 통해 자신의 정체성을 드러내려고 합니다. 이때 명분은 위에서부터 주어진 소명이나 선택을 의미합니다. 하나님의 부르심(소명)을 따라 주님의 자녀가 되었다고 고백하거나, 하나님의 강력한 역사하심(선택)에 의해 주님의 자녀로 살아간다고 고백함으로써 자신의 그리스도인 됨을 드러내는 것입니다. 그런데 이와 같은 소명과 선택은 이스라엘에게 익숙한 정체성의 표현 방식이었습니다. 하나님의 부르심을 받고 선택받아 살아간다는 선민사상은 이스라엘 정체성의 전부라고 할 수 있습니다.

   그리스도인들도 많은 경우 스스로를 하나님의 부르심과 선택을 따라 구별된 삶을 살아가는 자들이라고 생각합니다. 그러나 정체성을 찾고 규명하는 것은, 우리의 이상적인 상태나 모습을 단순히 확신하는 것을 넘어섭니다. 하나님이 이스라엘 백성에게 요구하셨던 것은 하나님의 선민이라는 이상적인 자기 규명이 아니라, 구체적인 현실 속에서 선민의 모습을 드러내는 것이었습니다.

이 땅에서 이스라엘 백성이 경험한 것은 오랜 기간 동안의 포로 생활과 억압, 그리고 온전한 회복을 위한 기다림이었습니다. 그러한 이들에게 필요한 것은 선민사상을 굳게 붙잡는 것이 아니라, 현실 안에서 하나님의 선택과 인도하심이 어떻게 이루어지는지를 구체적으로 받아들이는 것이었습니다. 현실을 받아들이지 않는 한, 이상적인 비전은 단지 개념이나 생각으로만 머물기 때문입니다.

그런데 많은 경우, 현실을 정확히 받아들이지 못하는 것은 아이러니하게도 이상적인 비전 때문입니다. 자신에게 주어진 이상적인 비전에 사로잡혀서, 비전과는 너무나 다른 현실을 받아들이지 못하는 것입니다. 이스라엘 백성이 포로가 된 현실을 받아들이지 못했던 것은 선민사상 때문이었습니다. 그것처럼, 오늘날 그리스도인들도 비전에 사로잡혀서 불의하고 누추하고 초라한 자신의 실제 삶을 받아들이지 못하는 경우가 많습니다.

확신 있는 이상과 비전에도 불구하고 현실을 받아들이지 못하는 이유는 아마도 이상과 비전이 부여하는 우월감 때문일 것입니다. '하나님의 부르심을 받은 자'라는 확신은 우월감을 만들어 내고, 교만에 빠지게 합니다. 우월감과 교만은 비천한 현실을 거부하게 하고, 이상과 비전에 갇히게 합니다. 그러나 하나님의 이상과 비전은 현실 밖에서 주어지는 기계적인 과정이 아니라, 현실의 복잡하고 자질구레한 모든 문제들 속에서 이루어지는 신비입니다. 우리의 과제는, 우월감을 갖고 하나님이 허락하신 소명과 비전을 입으로만 선포하면서 현실과 동떨어져 살아가는 것이 아닙니다. 오히려 소명과 비전이 낭만적인 방식으로 이루어질 것이라는 환상을 깨고, 비루한 현실 속에서도 소명과 비전이 구체적으로 실현되도록 자신을 참여시켜야 할 것입니다.

초기 그리스도인들은 먹고 마심이라는 구체적이고 지속적인 생활 방식을 통해서 하나님 나라의 구체성을 경험했습니다. 공동체가 함께 모여 먹고 마실 때마다, 생명을 유지하는 가장 기본적인 삶의 방식에 하나님이 함께 하신다는 확신을 가지고 살았던 것입니다. 이것이 바로 그리스도인의 정체성입니다. 그리스도인은 이상과 비전이라는 명분을 따라 살아가는 사람들이 아니라 먹고 마시는 가장 기본적인 삶의 모습, 가려지기 쉬운 삶의 작은 영역들에서 하나님의 비전과 이상을 발견해 가는 사람들입니다.

케냐와 함께 먹고 마시는 자

저희의 메뚜기 사역은 케냐에서 가장 기본적이고도 중요한 사역이었습니다. 저희는 케냐의 붉은 흙이 키워 낸 소출들을 케냐 사람들과 함께 끊임없이 먹고 마셨습니다. 설탕과 우유가 10실링씩 오를 때면 그들처럼 저희도 볼멘소리를 했습니다. 테러의 위협이 덮쳐올 때면 그들과 함께 두려움에 떨었고, 아프리카 전역이 에볼라 바이러스로 몸살을 앓을 때면 저희도 잔뜩 움츠러들었습니다. 그러다가도 경축일이 되면 한바탕 잔치를 벌이기도 했습니다.

그렇게 저희는 그들과 함께 먹고 마시면서 케냐를 알아 갔고, 케냐를 안타까워했으며, 케냐를 존중하기 시작했습니다. 그들과 함께 먹고 마심을 통해서, 하나님의 나라가 다른 누구도 아닌 오직 그분의 의지로 케냐에서 이루어지고 있음을 깨달아 갔습니다. 나아가 저희는 케냐 선교사라는 그리스도의 명령으로, 케냐 사람들과 함께 먹고 마시는 사람이라는 것을 비로소 알게 되었습니다.

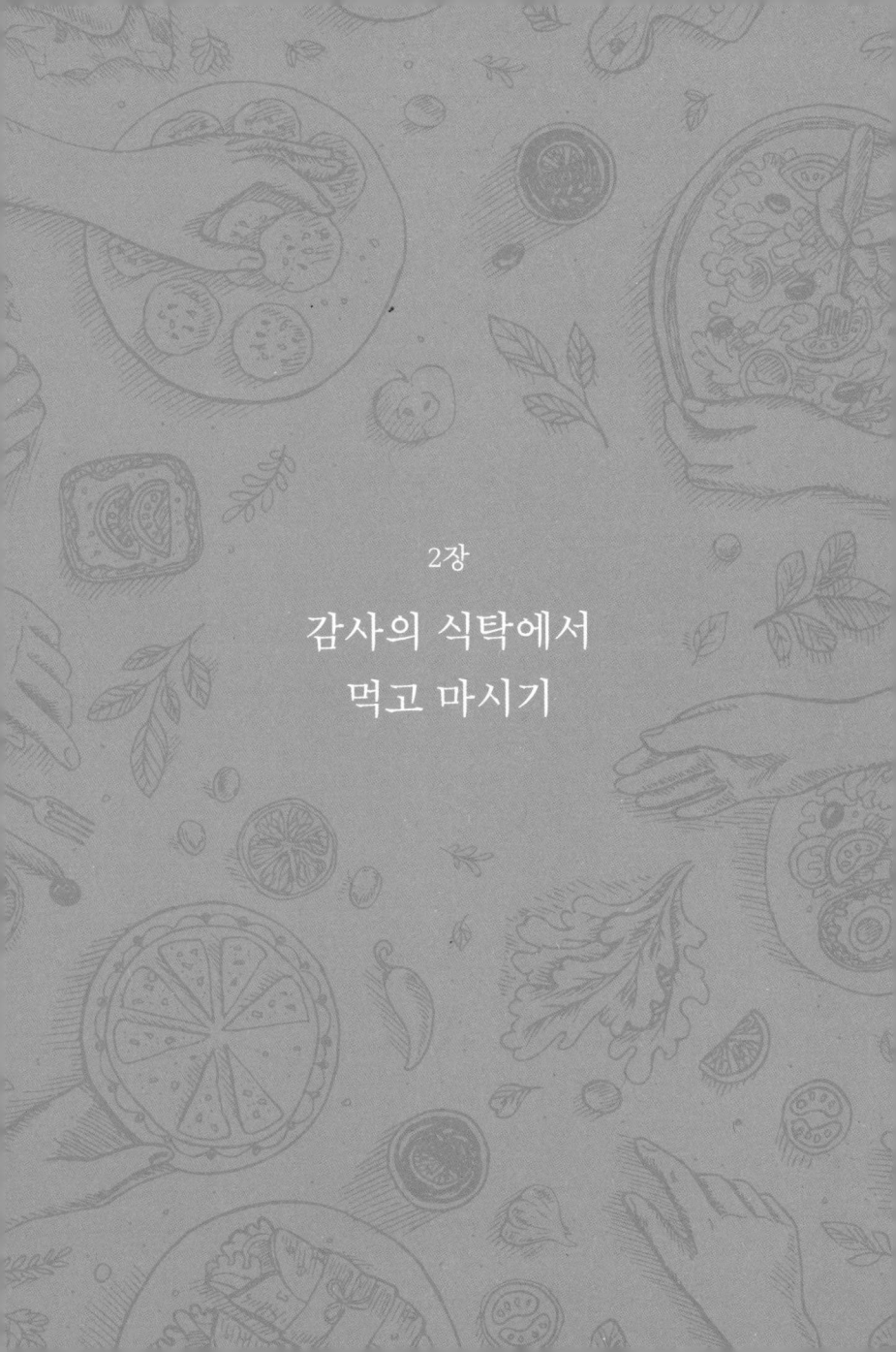

2장

감사의 식탁에서 먹고 마시기

감사의 식탁에서
읽는 말씀

모든 육체에게 먹을 것을 주신 이에게 감사하라
그 인자하심이 영원하심이로다
시편 136:25

"하영아, 하진아 밥 먹어!"

좀 전에 아이들은 배고프다고 했었습니다. 손놀림이 더욱 분주했던 것은 그 때문이었습니다. 서둘러 차려 조촐했지만, 볼품없는 정도는 아니어서 다행이라는 생각이 들었습니다. 그런데 어쩐 일인지 아이들이 냉큼 달려오지 않았습니다. 하는 수 없이 다시 목청을 크게 올렸습니다.

"배고프다며? 밥 다 됐어, 빨리 와서 먹어!"

아이들이 미적거리며 등장했습니다. 숙제가 덜 끝났다는 둥, 읽어야 할 분량의 책을 다 읽지 못했다는 둥 투덜거리며 식탁 앞에 앉았습니다. 게다가 먹고 싶은 반찬이 없다는 둥, 배고픈 때가 지나서 별로 밥 생각이 없다는 둥, 불평들이 덩달아 쏟아졌습니다. 음식을 장만하느라 분주했던 손에 서서히 힘이 들어가기 시작했습니다. 불끈 쥔 주먹과 함께 잔소리를 소나기처럼 쏟아 내고 말았습니다. 벌써부터 와서 기다리고 있던 감사가 귀를 막고 줄행랑을 친 것은 그때였습니다.

최고의 응답, 감사

하나님과 인간의 관계를 표현하는 단어들 중 '부름'(calling)과 '응답'(response)이 있습니다. 여기서 정확히 해야 할 점은 주체가 누구인가 하는 것입니다. 그리스도인들이 흔히 저지르는 실수 중 하나는 자기 자신을 주어로 삼는 것입니다. 즉, 자신이 하나님을 부르는 자이고, 하나님은 그 부름에 응답하시는 분으로 생각하는 경우가 많습니다. 물론, 때때로 우리는 하나님을 부르고, 하나님은 우리에게 응답하십니다. 그러나 근본적으로는 그와 정반대입니다. 하나님이 인간을 부르시고, 인간은 하나님을 향해 응답하면서 관계를 맺는 것입니다. 기독교 예배 역시 인간이 하나님을 부르는 것으로 보일 수 있지만, 엄밀히 말하면 하나님의 부르심에 인간이 일정한 방식으로 응답하는 과정이라고 할 수 있습니다.

기독교 철학자 브루스 벤슨(Bruce Benson)은 그의 책 *Liturgy as a Way of Life*(Baker Publishing Group, 2013)에서 "예배는 삶의 방식을 규정하고, 그 방식은 하나님의 부르심에 대한 창의적인 응답 방식"이라고 했습니다. 기독교 예배는 단지 의식에 제한되지 않고, 삶의 모든 과정을 포함합니다. 그러므로 그리스도인의 삶은 하나님의 부르심에 대한 지속적인 응답의 과정으로 이해될 수 있습니다.

하나님의 부르심에 인간은 무시, 반항, 불평, 기쁨, 순종 등 다양한 형태로 응답합니다. 그런데 이 응답은 하나님과 어떤 관계를 맺고 있느냐에 따라서 결정됩니다. 감사의 경우는 하나님과 인격적인 관계를 맺고 있는 사람의 반응입니다. 하나님과의 인격적 관계 속에서 인간이 표현할 수 있는 가장 아름답고도 적합한 반응이 감사입니다. 시편은 하나님을 향한 아름다운 고백록으로, 교회에서 공동 기도문으로 사용하는 것입니다. 그런데 그것은 감사로 가득합니다. 특별히 시편 134편은 하나님을 향한 감사의 내용과 표현을 상세히 보여 주고 있습니다. 하나님 편에서 인간으로부터 받을 수 있는 최고의 응답이 감사임을 드러내 주는 것입니다. 그런데 감사와 관련해서 알아 두어야 할 것이 있습니다. 감사는 억지로 하거나 강요할 수 있는 것이 아니며, 또한 마음에만 담아 두면 안 되고 적합한 방식으로 직접 표현해야 한다는 것입니다. 그렇게 하지 않을 경우에는 관계가 어그러질 수도 있습니다.

조 선생님을 만난 것은 주일학교 고등부 시절이었습니다. 그분은 주일마다 열정적으로 성경을 가르쳐 주셨을 뿐만 아니라, 정기적으로 학생들을 불러 식사를 대접해 주시곤 했습니다. 계속되는 교제 속에서 그분은 특별히 저에게 관심과 애정을 쏟으셨습니다. 어느 주일날 저는 찢어진 옷을 입고 예배에 참석했습니다. 문에 걸려 옷이 찢어진 것을 눈치채지 못했던 것입니다. 그러나 찢어진 것을 알았다 해도 달라질 것은 없었습니다. 가난한 형편이라 교복 외의 사복이 변변치 않았기 때문입니다.

선생님으로부터 전화가 걸려온 것은 다음 날인 월요일 아침이었습니다. 마침 공휴일이었기에 선생님은 백화점에서 만나자고 하셨습니다. 그리고 그곳에서 저는 멋진 사복을 선물 받았습니다. 쇼핑백을 받아 든 채 버스를 타고 집으로 돌아오는 내내, 저는 의아했습니다. 그 후로도 이해할 수 없는 사랑은 계속되었습니다.

"종훈아, 내가 너를 위해 기도할 때마다 자꾸 눈물이 흘러내리는데 그 이유를 알 수 없구나."

선생님이 눈물 흘리며 기도해 주신다는 사실이 놀랍기도 했고, 한편으로는 그 큰 애정이 부담스럽기도 했습니다. 아직 어리기만 했던 저는, 그분 앞에서 시종일관 꿀 먹은 벙어리였습니다. 그렇게 한 해가 거의 마무리되어 새로운 학년으로 올라갈 때가 되었습니다. 그런데 그즈음에 선생님의 태도가 변한 것 같았습니다. 성경을 가르치실 때 눈도 마주치지 않으셨고, 제게 말도 거의 걸지 않으셨습니다. 선생님의 변한 태도에 적잖이 당황했지만, 저는 여전히 꿀 먹은 벙어리를 고수했습니다. 결국 새 학년으로 올라가기 직전에 선생님은 저를 부르셨습니다. 웃음기 하나 없는 얼굴에 꾸중하는 어조로 그분은 말씀하셨습니다.

"종훈아, 그동안 나는 너에게 마음을 다해 사랑을 베풀었는데, 너는 나에게 단 한 번도 고맙다고 표현하지 않는구나!"

홍두깨로 뒤통수를 얻어맞는 느낌이 들었습니다. 나는 늘 고마워했는데, 그 마음을 선생님이 모르셨다는 게 당황스러웠습니다. 그제야 비로소 깨달았습니다. 고백과 감사의 표현이 얼마나 중요한지 말입니다. 그렇게 선생님을 통해, 관계 속에서 감사를 표현하는 것이 얼마나 중요한지를 배웠습니다.

성찬의 또 다른 이름, 감사

감사는 성찬의 또 다른 이름입니다. '유카리스트'(Eucharist)라 불리는 성찬은 '감사'라는 어원을 지닌 말(유카리스티아)에서 비롯된 것입니다. 즉, 성찬은 무엇보다도 감사의 표현입니다. 감사는 마음에 지니는 것보다 표현하는 것이 중요합니다. 초대교회가 성찬을 중심에 두고 실천해 온 이유들 중 하나는, 감사의 고백과 표현이 하나님과의 관계를 형성하는 데 중요하기 때문이었습니다. 그들은 먹고 마시는 행위와 감사를 연결시켰습니다. 그것을 통해 감사를 담아내고, 경험하고, 표현했던 것입니다.

먹고 마시는 행위는 가장 기본적인 삶의 방식입니다. 그것은 지극히 당연한 일이기 때문에, 감사하기가 쉽지 않습니다. 그래서 의도적이고 의식적인 노력이 필요합니다. 초대교회는 먹고 마시는 행위, 곧 성찬을 예배에 포함시킴으로써 감사와 의도적으로 연결시켰습니다. 그것은 당연시 여기던 삶의 여러 부분들을 마땅하게 받아들이지 않고 의미를 부여하도록 하기 위한 것이었습니다.

감사는 하나님 앞에서 삶의 의미를 귀하게 담아내는 방식입니다. 그것은 상대방이 허락한 것에 대한 인정이며 가장 아름답게 받아들이는 태도이자 표현입니다. 성찬을 '유카리스트', 곧 감사로 받아들여 먹고 마시는 행위를 하나님과 연결시킬 때, 우리는 지극히 일상적이고 자연스러운 삶의 부분들을 감사할 수 있습니다. 먹고 마실 때마다 감사하는 것은 하나님이 우리에게 가르쳐 주신, 삶에 대한 마땅한 반응을 훈련하고 체득하는 것입니다.

평범한 음식과 함께 주어지는 일상 영성

초대교회의 예배에서 먹고 마셨던 음식은 평범한 사람들의 것이었습니다. 빵과 잔으로 언급된 이 음식은 당시 모두가 일상적으로 먹는 주식이었습니다. 그런 음식을 공동체와 함께 예배 속에서 나누면서 지속적으로 고백한 것이 감사입니다. 교회는 예사로운 음식 안에 하나님의 위대한 창조와 구원, 그리고 삶을 다스리시는 주권적 사랑을 담아서 감사로 표현했습니다. 이러한 경험은, 성도들로 하여금 삶의 일상적인 부분을 통해서 하나님의 창조와 구원과 섭리를 받아들이도록 영적인 안목을 열어 주었습니다.

매우 일상적인 음식으로 감사를 표현하는 것은, 자연스러운 일상과 복잡한 삶의 과정을 하나님의 은혜로 받아들이게 합니다. 일상을 감사로 받아들이는 것은 인간이 할 수 있는 가장 가치 있는 일들 가운데 하나입니다. 죽음을 연습하듯 매일 잠자리에 드는 것, 솟아오르는 태양을 통해 새로운 하루와 생명을 받아들이는 것, 가장 가까이에 있는 가족들을 더욱 깊이 사랑하는 것, 현재 삶의 자리를 단지 다음을 위한 과정이 아니라 하나님의 은혜를 경험하는 기회로 여기는 것, 매일 접하는 이웃과 동료들을 하나님의 놀라운 선물로 받아들이는 것 등이 일상에서 경험하는 감사의 방식들입니다.

영적 페티시즘

오늘날 대부분 사람들은 일상의 기본적인 요소보다 새로운 소유와 경험에 대해 감사합니다. 새 집이나 차를 구입하는 경우, 새 직장을 얻거나 진급이 되는 경우, 갖고 싶었던 물건을 갖게 되는 경우, 이럴 때는 쉽게 감사를 표현합니다. 그러나 실생활에서 그런 일들은 드물게 일어납니다. 물론, 그런 일들로 감사하는 것은 당연합니다. 다만 그런 것들에만 국한해서 감사해서는 안 된다는 것입니다.

감사의 내용과 범위가 새로운 소유나 경험으로 제한되는 것은 상당히 위험합니다. 왜냐하면 그것은 신앙의 영역을 제한된 부분으로 축소시키고, 특정한 영역에서만 하나님을 찾게 하기 때문입니다. 이것을 가리켜 영적 페티시즘(spiritual fetishism)이라고 합니다. 유진 피터슨(Eugene H. Peterson)은 《목회자의 소명》(포이에마, 2012)에서 "영적 페티시즘이 인간을 축소시켜서 이해하게 하고, 하나님을 중심에서 주변으로 밀어 버릴 뿐 아니라, 자기만족만을 추구하는 현상을 초래한다"라고 경고했습니다. 일상 전반을 통해서 하나님의 은총과 섭리를 인정하지 못하면, 제한된 영역에서만 하나님을 찾는 영적 페티시즘에 빠지게 됩니다.

영적 페티시즘의 파장(波長)은 심각합니다. 그것은 하나님을 마치 《알라딘의 요술램프》 속 지니와 같은 존재로 왜곡시킵니다. 즉, 하나님에 대해 자기 필요를 충족시켜 주는 요정처럼 생각하는 것입니다. 영적 페티시즘은 하나님을 주인이 아니라 종으로 격하시켜, 자신의 계획과 비전과 기대를 이루도록 하나님을 부리려 합니다. 그래서 현대 그리스도인들에게 가장 치명적인 위험이라고 할 수 있습니다.

미국 풀러신학대학원의 예배학 교수인 토드 존슨(Todd Johnson) 박사님은 캘리포니아에 있는 여러 대형 교회들의 예배신학을 관찰하고 분석해 오신 분입니다. 저는 그분의 제자였는데, 어느 날 저에게 다음과 같은 뼈있는 말씀을 해 주셨습니다.

"캘리포니아에 위치한 일부, 그러나 주도적인 대형 교회들에서 볼 수 있는 가장 큰 위험은 '하나님을 위한 인간'이 아니라 '인간을 위한 하나님'으로 모든 관계를 바꾸어 버린 것이라네."

일상에서 하나님의 사랑과 은혜를 받아들이고 감사하는 것을 익히지 못한 그리스도인들은, 하나님을 자신의 필요를 채우는 신으로 이해하고 관계 맺으려 합니다. 어쩌면 그들이 자기 기대를 충족시켜 주는 하나님만을 경험하는 것은 당연한 것인지도 모릅니다. 자기만족을 추구하는 소비주의적 신앙이 오늘날 교회에 만연하기 때문입니다.

희귀해진 감사

앞서도 말했듯이, 초대교회의 성도들은 먹고 마시는 삶의 기본 방식을 예배의 중요한 순서로 포함시켰습니다. 그것을 통해서 일상의 모든 영역에 담겨 있는 하나님의 임재와 섭리를 감사로 받아들인 것입니다. 이렇게 예배를 통해 경험한 감사는 그들의 삶을 지배하는 원리가 되었습니다. 그래서 그리스도인들은 '감사하는 자들'이라는 독특한 정체성을 드러낼 수 있었습니다. 그런데 그들의 감사는 그리스도의 십자가 희생과 구원에 국한되지 않았습니다. 그것은 창조와 섭리와 삶의 모든 영역에서 주인 되시며 인도하시는 하나님의 사랑과 은혜에 대한 폭넓은 감사였습니다.

그렇다면 오늘날 그리스도인들이 삶에서 감사를 쉽게 경험하지 못하는 이유를 어렵지 않게 유추해 볼 수 있습니다. 첫 번째로 성찬 예식과 관련 있습니다. 이것은 단순히 성찬의 실천 횟수가 제한되었기 때문이라는 말이 아닙니다. 성찬을 본래 의미인 감사의 예식으로 이해하지 못하고 그저 전통적인 의식으로만 받아들이기 때문에, 감사를 쉽게 경험하지 못한다는 뜻입니다. 물론, 오늘날의 성찬 예식이 감사를 모조리 삭제시킨 것은 아닙니다. 그러나 감사의 영역이 지극히 제한되어 있는 것은 사실입니다. 즉, 예수 그리스도의 죽음과 사랑이 우리에게 베푸신 구원에만 감사의 초점을 맞추고 있습니다. 그리스도의 십자가와 사랑에 감사하는 것은 대단히 중요하고 가치 있는 일입니다. 그러나 초대교회에서 성찬을 '감사'라 부르며 실천했을 때의 내용은 그리스도의 구원을 넘어서는 것이었습니다. 그것은 그리스도의 구원뿐만 아니라 하나님의 창조와 변함없는 섭리, 주권적인 돌보심 모두를 포괄합니다.

두 번째로는 오늘날 예배에서 감사를 표현하는 방식이 성찬이 아니라 음악이기 때문입니다. 즉, 먹고 마시는 행위를 통해 하나님을 향한 감사를 경험하기보다는, 음악이라는 도구를 통해서 하나님께 감사를 표현하고 있습니다. 음악이 흐르는 특정한 시간과 장소에서 인도자의 지도에 따라 감사를 표현하는 데만 익숙해져 있기 때문에, 일상생활에서 감사를 경험하기가 쉽지 않은 것입니다.

마지막으로 현대 그리스도인들이 감사를 쉽게 경험하지 못하는 이유는 역사적 실천 과정과 관련되어 있습니다. 초대교회는 성찬을 감사의 예식이라 부를 정도로 감사의 의미를 폭넓게 이해하고 받아들여 실천했습니다. 처음 5세기까지 성찬은 감사의 예식이었고, 그리스도인들은 성찬을 통해 하나님의 은혜를 기쁘게 받아들이며 참여했습니다. 그런데 중세 교회는 성찬의 실천과 의미를 전환시켰습니다. 먹고 마시는 방식을 통한 감사의 예식에서 죄의 고백과 용서의 측면을 강조했던 것입니다. 중세 교회는 경건, 곧 하나님과의 관계에서 감사를 축소시키고 인간의 죄인 된 현실을 강조했습니다.

개인의 죄 문제를 강조하게 되자, 성찬은 결국 감사의 의식이 아니라 죄 문제를 고백하고 해결 받는 의식으로 발전하게 되었습니다. 물론, 감사가 완전히 사라진 것은 아니지만 감사의 내용이 개인의 죄를 용서하시고 구원하시는 그리스도와의 화해로 제한된 것은 사실입니다. 이후 종교개혁자들은 성찬에서 감사의 측면을 부각시켜 회복하고자 했지만, 그 역시 부분적인 것이었습니다. 즉, 하나님의 창조와 섭리 전부에 대한 감사가 아니라, 그리스도의 새로운 창조 사역에 대한 감사만을 회복시켰던 것입니다.

오늘날 많은 그리스도인들은 우리에게 친밀하게 다가오시는 하나님보다 우리의 죄를 지켜보시는 하나님에 더 익숙합니다. 그래서 하나님께 감사하는 것을 친밀하고 즐거운 경험이 아닌 막연하고 형식적인 표현으로 생각합니다. 이러한 영향 때문에 오늘날 성도들이 참여하고 있는 성찬 예식은 대부분 어둡고 침울하며, 개인의 어둡고 죄인 된 모습에만 지나치게 집중하게 합니다. 그리고 구원을 허락해 주신 그리스도의 사랑에 대한 감사를 음악을 통해 표현합니다. 성찬은 본연의 의미인 감사를 음악에게 빼앗긴 채 점점 퇴색해 가고 있는 것입니다.

감사를 회복하는 성찬

그렇다면 성찬 본연의 의미 중 하나인 감사를 회복하려면 어떻게 해야 할까요? 성찬을 자주 실천하는 것만이 능사는 아닙니다. 물론 성찬을 자주 행하고 그 먹고 마시는 과정을 통해서 감사를 익힐 수도 있을 것입니다. 그러나 지금처럼 성찬을 행한다면 초대교회가 실천했던 폭넓은 감사, 곧 창조와 섭리 그리고 구원의 전 역사에 대한 감사보다는 죄와 구원에 집중하는 감사에 머무를 가능성이 많습니다.

그러므로 성찬을 대할 때 중요한 것은 성찬의 감사가 원래 의도했던 것, 곧 삶의 전 영역을 하나님의 은혜로 받아들이고 감사하는 태도를 갖는 것입니다. 매일 접하는 식사를 감사하듯, 반복되는 일상을 하나님이 허락하시는 새로운 시간과 은혜로 받아들이려는 노력이 필요합니다.

캐슬린 노리스(Kathleen Norris)는 그의 책 *The Quotidian Mysteries: Laundry, Liturgy and Women's Work*(New York: Paulist Press, 1998)에서 지극히 평범한 일상을 은혜로 받아들이는 감사를 통해 하나님의 구체적인 임재와 동행을 경험하는 일이 얼마나 가치 있는 일인지를 이야기해 줍니다. 하나님이 성찬을 통해서 감사를 표현하고 경험하게 하신 의도는, 일상의 삶을 감사로 살아가는 방식을 터득하게 하려 하신 것입니다. 노리스는 빨래하는 것과 같은 집안의 평범한 일들과 예배를 연결시켰는데, 이는 예배와 일상의 일들 모두가 공히 하나님을 경배하는 행위라고 생각했기 때문입니다.

그러므로 성찬을 실행할 때 인도자들은 기도와 권면과 찬양에 감사를 담아 표현하도록 의도적으로 노력해야 합니다. 이때 감사의 내용은 그리스도의 구원뿐만 아니라, 삶의 전 영역을 창조하시고 섭리로 돌보시는 하나님에 대한 폭넓고도 구체적인 것이어야 합니다. 전통적으로 기독교 공동체가 감사를 실천한 방식 가운데 하나는 시편을 공동 기도문으로 사용한 것입니다. 공동 기도로서의 시편은 세상을 지으시고, 돌보시며, 삶의 구체적인 모습을 섬세하게 주관하시는 하나님의 섭리를 아름다운 언어로 정교하게 표현하고 있습니다. 이러한 고백을 자신의 고백으로 마음에 담아 공동체가 함께 기도하는 것은, 감사의 성찬을 삶에 연결시키는 적절한 방법이 될 것입니다.

감사의 식탁에서 먹고 마시기

예상치 않게 저녁 식탁 위로 쏟아지던 잔소리 소나기는 다행히 오래가지 않았습니다. 식사 기도를 하면서 조금씩 잦아들기 시작한 먹구름은, 함께 먹고 마실 때 즈음에는 흔적도 없이 사라져 버렸습니다. 맑게 갠 식탁에서 저희는 같이 먹고 마시는 일에 집중했습니다. 가끔씩 반찬을 먹어 보라고 서로 권하기도 하고, 상대방을 위해 물을 컵에 따라 주기도 했습니다. 식사가 끝난 후에는 후식으로 과일과 차도 나눴습니다. 머지않아 와자지껄한 웃음소리가 폭포수처럼 식탁 밑으로 떨어져 내리기 시작했습니다. 웃음으로 흥건해진 식탁 밑을 문득 내려다봤을 때, 언제부터 와 있었는지 감사가 꼬리를 흔들면서 쳐다보고 있었습니다. 눈이 마주치자 감사는 식탁 위로 펄쩍 뛰어올라왔습니다.

저희는 찬송하지 않을 수 없었습니다. 가족들끼리 토라지고 화해하는 일상을 지어 주신 창조의 하나님, 그분의 자녀가 될 수 있도록 구원을 베풀어 주신 그리스도 예수님, 그리고 매일 매 순간마다 의와 화평과 희락을 선사해 주시는 성령님을 저희는 한 목소리로 노래했습니다. 감사의 식탁에서 먹고 마시면서 말입니다.

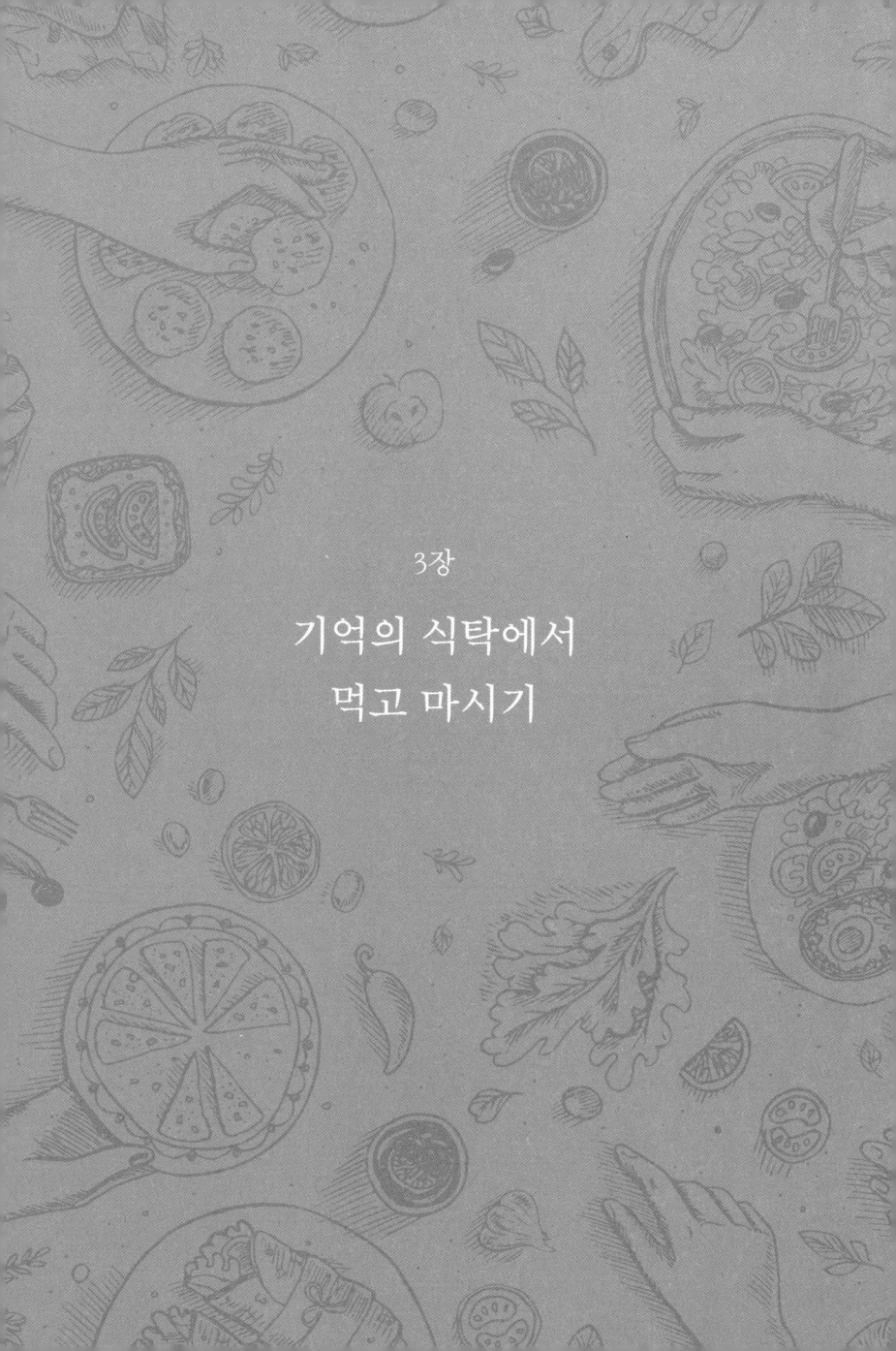

3장

기억의 식탁에서 먹고 마시기

기억의 식탁에서 ────────────────────
읽는 말씀 ────────────────────

때가 이르매 예수께서 사도들과 함께 앉으사
이르시되 내가 고난을 받기 전에
너희와 함께 이 유월절 먹기를 원하고 원하였노라
누가복음 22:14-15

십자가를 받으시기 전, 예수님이 간절히 원하셨던 것은 따뜻한 밥 한 끼였습니다. 삼 년 동안 동고동락했던 제자들과 함께 마지막으로 식사를 하고 싶으셨던 것입니다. 감사함으로 식사를 나누시면서 예수님은 먹을 때마다 이 마지막 밥 한 끼를 기억하라고 명령하셨습니다. 식사 후에 들이닥친 것은 혼자서 감당하기 버거운 거대한 파도였습니다. 한 제자의 배신과 불법적인 재판, 그리고 십자가 처형은 쉴 틈도 없이 예수께 차례대로 달려들었습니다. 어떻게 보면 사랑하는 이들과 나눈 마지막 밥 한 끼의 힘으로 그분은 그 모든 고난을 받아내셨습니다.

선교지로 떠나기 전, 저희가 했던 일도 사랑하는 지체들과 밥 한 끼를 나누는 것이었습니다. 한 끼의 식사를 마친 뒤, 그들은 그들의 삶의 자리로 돌아갔고, 저희는 선교지로 향했습니다. 도착해 보니, 줄줄이 바통을 받고 달려오는 주자들마다 고난이 아닌 게 없는 곳이 선교지였습니다. 그런 곳에서 저희가 할 수 있는 일은 먹을 때마다 주님을 아프게 기억하는 것이었습니다. 그리고 지체들과 나누었던 따뜻한 밥 한 끼를 추억하는 것이었습니다.

기억, 삶을 지배하는 능력

하나님과 인간 사이의 관계를 돈독하게 하는 것들 중 하나는 기억입니다. 하나님은 인간을 영원히 기억하십니다. 그리고 인간은 자기를 기억하시는 하나님을 기억하며 살아갑니다. 하나님이 인간을 기억하시는 것은 단순히 생각만 하는 것이 아닙니다. 역사를 주관하시는 과정에서 구체적인 방향과 일을 결정하실 때, 하나님은 인간을 기억하시면서 행하십니다. 그분은 노아와 짐승들을 '기억'하셔서 바람을 주관하시고 그 방향을 결정하셨습니다(창 8:1). 사람들을 기억하셔서 이후로는 물로 세상을 완전히 멸망시키지 않으심니다(창 9:15). 그리고 아브라함과 이삭과 야곱을 기억하셔서 이스라엘 자손들을 끝까지 돌보셨습니다(출 2:25). 이러한 하나님의 기억은 구약과 신약 성경 전체를 통해서 '언약'이라는 사상으로 발전했습니다.

인간 역시 하나님을 기억하며 관계를 발전시켰습니다. 그들은 이집트에서 나오게 하시고 강한 손길로 이끄시는 하나님을 기억했습니다(신 7:19). 또한 시편의 많은 부분들은 삶을 주관하시고 구원하시는 하나님을 향한 기억의 고백들입니다. 이와 같이 기억은 지금도 하나님과의 관계를 유지시켜 주고, 우리의 삶의 방식을 새롭게 해 줍니다.

그런데 기억은 단지 과거를 회상하는 정도가 아닙니다. 그것에는 우리의 삶을 지배할 수 있는 능력이 있습니다. 우리는 기억 때문에 기쁘고, 슬프고, 아프기도 하며, 의지를 다해서 삶을 선택하고 결정합니다. 이때 생기는 감정은 경험한 일과 발생한 사건의 결과가 아닙니다. 좀 더 엄밀히 말하면, 그것들에 대한 기억이 능동적으로 감정을 조절하는 것입니다. 저희는 선교지에서 처음 정착했던 집의 욕실을 지금도 선명하게 기억하고 있습니다. 퍼런 이끼가 가득했던 비좁고 어두운 공간을 떠올릴 때면, 괜히 불편한 마음이 듭니다. 거의 일 년 동안 그런 곳에서 불평 한마디 없이 씻었던 아이들에게 미안했던 것입니다.

또한 기억은 선택과 결정에 적극적으로 가담하는 의지를 지배합니다. 초대교회에는 수많은 고백자들(confessors)과 순교자들(martyrs)이 있었습니다. 고백자들은 그리스도에 대한 믿음을 고백하고 박해가 주어졌을 때 기꺼이 받아들이며 고통에 참여했습니다. 나아가 고백자들 가운데에는 고통의 과정에서 결국 죽음에 이르거나 죽음을 택해 순교자가 되었습니다. 그들이 기꺼이 고난과 박해, 그리고 죽음을 택했던 이유 중 하나는 '그리스도를 기억'했기 때문입니다. 그들이 순교를 택할 수 있도록 의지를 이끌어 주었던 것은 기억입니다. 그리스도인들의 유일한 순교자(the martyr)이신 그리스도를 기억하면서, 자신의 생명을 그리스도를 따르는 과정에 바쳤던 것입니다.

기억해 줘!

우리 신앙의 중심인 그리스도는 기억을 특별하게 다루셨습니다. 예수님이 사역을 마무리하는 시점에서 명령하셨던 일은 기억하라는 것이었습니다. 즉, 제자들과 함께 먹고 마시면서 '이것을 행하여 나를 기념(기억)하라'(눅 22:19, 고전 11:24)고 하셨던 것입니다. 한국어 개역한글판과 개역개정판 성경은 '기억'을 '기념'으로 번역했습니다. 'remembering' 또는 'remembrance'로 번역된 이 단어는 기억을 뜻하는 'anamnesis'라는 단어를 옮긴 것입니다.

구약에서 하나님이 이스라엘 백성에게 요구하신 신앙의 반응 가운데 하나도 기억입니다. 이스라엘 백성은 조상 아브라함이 받았던 언약과 함께, 노예로 살던 이집트에서 구원받았다는 사실을 기억해야 했습니다. 하나님의 사역은 이스라엘 백성을 노예의 땅에서 자유와 해방의 땅으로 옮기시는 것이었습니다. 하나님은 그러한 구원의 역사를 출애굽 과정을 통해서 이루셨고, 이후 이스라엘 백성은 구원을 이루어 주신 하나님과 그분의 약속을 기억해야 했습니다. 이때 기억은 단순히 역사적 사실을 기억하는 것이 아닙니다. 자신들을 둘러싸고 있는 얽매임과 속박에서 벗어나, 하나님의 돌보심의 손길을 확신하면서 자유롭게 살아가는 삶의 방식을 의미합니다.

죽음을 앞두신 예수님이 제자들에게 먹고 마시는 일을 통해 자기를 기억하라고 하신 것은 이런 맥락에서 주어진 명령입니다. 예수님은 죽음을 통해서 그들에게 진정한 해방과 자유의 삶을 허락해 주셨던 것입니다. 그런데 그리스도를 기억하라는 이 요구는 제자들에게만 국한된 것이 아닙니다. 예수님은 그분이 다시 오실 때까지 기억하는 일을 지속하라고 하셨습니다(고전 11:26). 따라서 오늘날 그리스도인들 역시 예수님이 당부하신 기억을 지속적으로 실천해야 할 필요가 있습니다.

기억의 내용

그렇다면 그리스도인들은 무엇을 기억해야 할까요? 당연

히 그리스도입니다. 그리스도를 기억한다는 것은 그리스도의 삶과 사역 전부를 기억하는 것입니다. 그런데 흔히 그리스도를 기억한다고 하면, 기억의 범위를 그리스도의 고난과 죽음 그리고 부활로 제한시키곤 합니다. 물론 복음의 핵심이 그리스도의 고난, 죽음, 그리고 부활(고전 15:1-11)로 요약되기는 하지만, 복음은 그보다 훨씬 폭넓은 범위를 가집니다.

예수님의 가르침을 따라 그분에 대한 기억을 실천했던 제자들을 생각해 보십시오. 예수님의 명령을 따라 먹고 마시면서 그분을 기억했을 때, 그들은 그리스도를 막연한 개념이나 대상으로 기억하지 않았을 것입니다. 그리스도와 함께 한 시간 속에서 그분이 보이신 모습과 가르치신 내용들 전부를 모두 기억했을 것입니다.

그리스도는 여러 사역을 통해서 자신을 계시하셨습니다. 즉, 그분은 하나님 아버지와 함께 창조와 구원의 역사에 참여하는 분이시고, 삶의 모든 구체적인 과정에 임재하는 분이시며, 인간 스스로 해결할 수 없는 한계와 연약함을 넘어서는 분이십니다. 그러므로 그리스도를 기억한다는 것은 창조 때부터 지금까지 이어지는 하나님의 섭리와 회복, 그리고 약속한 것을 완성하실 때까지 변함없이 우리와 동행하실 것을 확신하면서 생활하는 것입니다.

한국 교회는 서방 교회 전통에 있습니다. 서방 교회는 어거스틴의 가르침을 따르는데, 그는 역사를 창조, 타락, 구속으로 구분해서 이해하고, 각각을 독립된 시각으로 바라보았습니다. 창조의 하나님과 구속의 그리스도를 구분하고, 그것의 연결성보다는 구분성에 초점을 두는 것이 서방 교회의 오래된 가르침이었습니다.

이러한 구분 짓기는 삼위 하나님에 대한 이해에 많은 영향을 미쳤습니다. 삼위일체와 관련하여, 한 분 하나님과 세 분의 다른 위격이라는 숫자와 논리에 갇혀서 그리스도를 다른 두 위격과 단절된 분으로 간주했습니다. 또한 예수님을 참된 하나님이자 동시에 온전한 인간이라고 입으로는 고백하지만, 실제적으로는 인정하지 않기도 했습니다. 이러한 창조와 구속의 구분 짓기는 그리스도의 사역들 중 제한된 영역에만 집중하게 만들었습니다.

그런데 초대교회의 대다수 교부들은 그리스도를 기억할

때, 창조하시고, 창조 내에서 섭리하시고, 어그러진 창조를 회복하시는 분으로 받아들였습니다. 초대교회 교부들 중 한 명인 이레니우스(Irenaeus)는 창조와 구속의 연속성을 강조했습니다. 구속의 그리스도는 창조의 하나님과 분리할 수 없고, 같은 하나님의 또 다른 재현(recapitulation)이라는 연속성을 강조했던 것입니다.

아타나시우스(Athanasius) 역시 성육신을 구분된 사건이 아니라 창조의 회복을 위한 하나님의 역사로 이해했습니다. 이것은 삼위 하나님에 대한 혼동과 복잡한 논증을 위한 것이 아니라, 하나님의 역사와 섭리가 창조로부터 지금까지 전 역사에서 연속적으로 이루어지고 있음을 강조한 것입니다. 그리스도의 십자가를 통한 구원 사역 역시 독립된 사건이 아니라, 총체적인 측면에서 이루어지는 하나님의 사역으로 간주했습니다.

예수 그리스도를 생애 마지막 3일로만 제한해서 기억하기 시작한 것은 중세 교회입니다. 중세 교회에서 경건의 핵심은 그리스도의 고난과 죽음과 부활이었습니다. 그래서 그들은 특별히 성찬을 통해서 그리스도의 죽음을 회상하고 그 희생에 참여하는 데 집중했습니다. 결과적으로, 그리스도에 대한 기억의 범위가 고난과 죽음으로 좁혀지고 말았습니다.

이후에 등장했던 종교개혁자들 역시 그리스도에 대한 기억에 대해서는 큰 차이가 없었습니다. 그리스도를 기억하는 핵심적인 실천으로 성찬을 계속해서 강조하기는 했지만, 그들이 성찬을 통해 기억한 그리스도는 중세 교회와 마찬가지로 고난과 죽음에만 집중되어 있었던 것입니다. 뿐만 아니라 그들은 성찬에서 받아먹는 성체에 그리스도의 임재가 어떻게 나타나는지에 대한 신학적 논쟁에만 집중했습니다.

반면, 청교도들은 그리스도에 대한 제한된 기억에서 벗어나기 위해 노력했습니다. 그들은 비록 제한된 횟수로 성찬을 실천했지만, 창조와 구속의 폭넓은 역사 속에서 그리스도를 기억하기 시작했습니다. 이것은 그들이 구약과 신약의 본문들을 통해서 그리스도가 이루신 구원의 폭넓은 역사를 깨달았기 때문입니다. 하지만 지금까지 대부분의 그리스도인들이 가장 보편적으로 기억하는 내용은, 중세에서 비롯된 그리스도의 마지막 3일을 중심으로 한 것입니다.

기억의 방식

그리스도를 기억할 때 중요한 것은 내용만이 아닙니다. 기억하는 방식도 매우 중요합니다. 예수님은 기억의 방식도 가르쳐 주셨습니다. 물론, 그분이 회당이나 강론의 장소에서 기억에 대한 논리적인 지침을 주신 것은 아닙니다. 단지 먹고 마실 때마다 기억하라고만 하셨습니다. 즉, 삶의 가장 기본적 행위인 먹고 마시는 일과 그리스도를 기억하는 일을 연결시키셨던 것입니다.

예수님은 제자들과 함께 식탁에 앉으셨을 때, '떡을 가지고 축복하시고, 떼어 제자들에게 주셨습니다'(막 14:22, 마 26:26, 눅 22:19, 고전 11:24). 그것을 '자신의 몸'이라고 하시면서, 이런 방식으로 '자신을 기념하라'고 하셨습니다. 그리스도를 기억하는 이러한 방식은 단순히 생각 안에서 그리스도를 떠올리는 것이 아닙니다. 직접 몸으로 경험하는 것입니다. 교회는 가장 적합한 기억의 방식을 개발할 필요가 없습니다. 기억의 대상이신 그리스도가 이미 기억하는 방식을 직접 제정해 주셨기 때문입니다.

이와 같은 기억 방식에 대한 그리스도의 지침을 가리켜 '성찬 제정사'라고 합니다. 성찬의 구체적인 실천은 각각의 공동체마다 다를 수 있습니다. 그러나 반드시 포함시켜야 하는 공통적인 방식이 있습니다. 그것은 다음 네 개의 동사와 관련됩니다. 1) 가지고, 2) 감사하고, 3) 떼고, 4) 주는 것입니다. 이 네 개의 동사가 요구하는 구체적인 행동이 그리스도를 기억하는 방식입니다. 그것은 예수님이 직접 정하신 것으로서 그 안에는 깊은 뜻이 담겨져 있습니다.

그리스도인들은 그리스도가 보여 주신 모범을 따라 그분을 기억해야 합니다. 그리스도가 보여 주신 일을, 그분의 당부('이것들을 행하여 나를 기념하라'고 하신)에 따라 행해야 하는 것입니다. 그리스도를 기억하는 일은 우선 '가지는 것/취하는 것'으로 시작됩니다. 그리스도는 떡, 곧 자신의 몸을 가지고 그것을 제자들과 나누셨습니다. 여기서 주목할 점은 그리스도가 '가지신 것/취하신 것'이 그분의 일부가 아니었다는 것입니다. 그분은 자신의 전부를 취하여 나누셨습니다.

두 번째는 감사입니다. 감사는 자신이 '가진 것/취한 것'을 하나님과 연결시키는 것입니다. 이것은 소유에 대한 감사가 아니라, 나눌 것에 대한 감사입니다. 노력을 통해서 얻은 소유에 대해 하나님께 감사하는 것이 아닙니다. 이미 가지고 있는 것 중에서 나눌 수 있는 것에 대해 감사하는 것입니다.

세 번째는 '떼어 내는 것'(쪼개는 것)입니다. 더하는 것, 쌓는 것에 익숙한 우리들에게 무엇인가를 떼어 내는 것은 여간 어려운 일이 아닙니다. 그리스도는 자신의 몸을 쪼개셨습니다. 우리는 그분의 모범을 따라, 우리가 이미 가지고 있는 것에 대해 감사하면서 그것을 떼어 내야 합니다. 그리고 마지막 네 번째의 실천을 합니다. 그것은 바로 '주는 것'입니다.

그리스도를 기억하는 방식은 자신의 것을 가지고, 그것을 감사하며, 쪼개서, 나누는 것입니다. 예수님은 자신의 몸을 가지시고, 아버지께 감사하셨으며, 그것을 쪼개시고,

우리에게 나누어 주셨습니다. 그것은 단순히 비유나 상징이 아닙니다. 그것은 하나님의 마음속에 담긴 창조와 완성의 모습을 기억하고 계시는 예수님의 구체적인 행동입니다. 예수님은 기억을 성취하시기 위해 자신의 몸을 가지고, 감사하며, 쪼개서, 나누어 주는 방식을 만드셨습니다. 이와 같은 기억의 방식을 실천할 때, 우리는 비로소 예수님을 올바르게 기억할 수 있습니다.

험난한 기억하기

'가지다, 감사하다, 쪼개다, 나누다', 이 네 개의 동사들은 우리가 그리스도를 기억하는 구체적 방식입니다. 그런데 이 동사들에는 특이한 점이 있습니다. 그것은 그 방식의 중심이 자기 자신이 아니라 다른 사람들이라는 것입니다. 그리스도인들은 자신을 위해 소유하는 자들이 아니라 남을 위해 갖는 자들입니다. 즉, 자신에게 주어지는 것들을 은혜의 선물로 감사히 받아들여 남을 위해 나눌 준비를 해야 합니다. 그래서 그리스도인들은 더 모으려고 하기보다는 남과 나누기 위해 자신의 삶과 소유를 쪼개 버립니다. 자신의 것을 취하고, 감사하며, 쪼개어 주변 사람들과 함께 나눌 때, 우리는 그때 비로소 그리스도를 기억한다고 할 수 있습니다.

그런데 이 네 개의 동사들을 실천하는 것은 생각보다 쉽지 않습니다. 저희는 살아오면서 '해외 선교'를 삶의 방향으로 품어 본 적이 단 한 번도 없었습니다. 그런데 그분의 뜻을 따르다 보니, 어느새 선교지에 도착하고 말았습니다. 오랫동안 열심히 배우고 익혀서 얻은 박사 학위를 취득하자마자 말입니다. 처음 선교지에서 받은 것은 뜻밖에도 환대가 아니라 홀대였습니다. 그런 상황 속에서 저희 능력으로는 삶을 감사와 연결시킬 수가 없었습니다. 감사는커녕 불평하기 일쑤였습니다.

그러나 머지않아 은혜가 임했습니다. 저희에게 주어진 것들을 취하여 감사하기 시작했던 것입니다. 연속 동작으로 저희는 조금씩 삶을 쪼갤 수 있게 되었습니다. 필요한 자들에게 그것을 나누어 줌은 물론이었습니다. 비록 저희가 가진 것이 그다지 크지는 않았지만, 감사를 통해 쪼갤 수만 있다면 나누는 것은 어렵지 않다는 점을 배웠습니다. 지금에 와서 생각해 보면, 처음 저희가 선교지에 가졌던 태도는 분명 교만이었습니다. 그래서 현지인들을 가볍게 보고, 상황에 대해서 쉽게 불평하며 분노했던 것입니다. 그러나 주어진 삶의 여건들을 감사로 받기 시작하면서부터, 저희 삶을 쪼개고, 나누며, 예수님을 기억할 수 있게 되었습니다.

'성찬 제정사'(가지고, 감사하고, 쪼개고, 나누는 것)를 보여 주신 이후, 예수님이 맞이하신 것은 십자가입니다. 십자가에서 그분은 하나님께 감사한 후에 자기 몸을 쪼개 버리셨습니다. 엄청난 고난과 아픔, 그리고 찢겨지는 현실을 받아들이셨던 것입니다.

예수님이 정하신 성찬 제정사의 과정을 엄밀하게 따를 때, 우리 역시 이해할 수 없는 아픔, 고통, 슬픔, 비극을 받아들일 수 있습니다. 쉽게 납득할 수 없는 삶의 아픔과 비극을 기억한다는 것은 예수님의 온전한 구원과 회복이 낭만적으로 주어지지 않는다는 사실을 인정하는 것입니다.

많은 사람들은 어둡고 힘든 삶의 현실을 받아들이거나 인정하기 꺼려 합니다. 그러나 그리스도는 조각나고 비극적인 현실을 받아들일 수 있도록 우리에게 용기를 주십니다. 우리가 성찬의 과정에서 온전한 빵, 곧 그리스도가 반복적으로 쪼개지시는 모습을 볼 때마다, 우리는 깨어진 현실의 아픔을 받아들일 수 있는 마음을 받게 됩니다.

기억의 식탁에서 먹고 마시기

일상의 자리에서 먹고 마실 때마다 예수님을 기억하는 것은 매우 중요합니다. 예수님이 직접 보여 주신 방법을 따를 때, 우리는 그분을 옳게 기억할 수 있습니다. 기억은 단지 과거의 추억을 낭만적으로 떠올리는 것이 아닙니다. 그것은 하나님의 창조와 구원 전체를 의식적으로 애써 되새김질하는 것입니다. 곧, 그리스도가 자기 몸을 취하시고 감사하시며 직접 쪼개어 나누신 것처럼, 우리도 그와 같이 행하여 그리스도의 모습을 세상에 드러내는 것입니다.

먼 길 떠나는 동료를 불러 따뜻한 밥 한 끼 먹였던 친구들을 떠올려 봅니다. 그것은 분명 기억의 식탁이었습니다. 그들도 저희도 그리스도를 기억하면서, 가진 것을 감사하고 쪼개어 서로 나누었습니다. 그래서 저희 모두는 오늘도 주님이 가셨던 멀고도 고달픈 그 길을 묵묵히 가고 있는 것입니다.

4장

사귐의 식탁에서 먹고 마시기

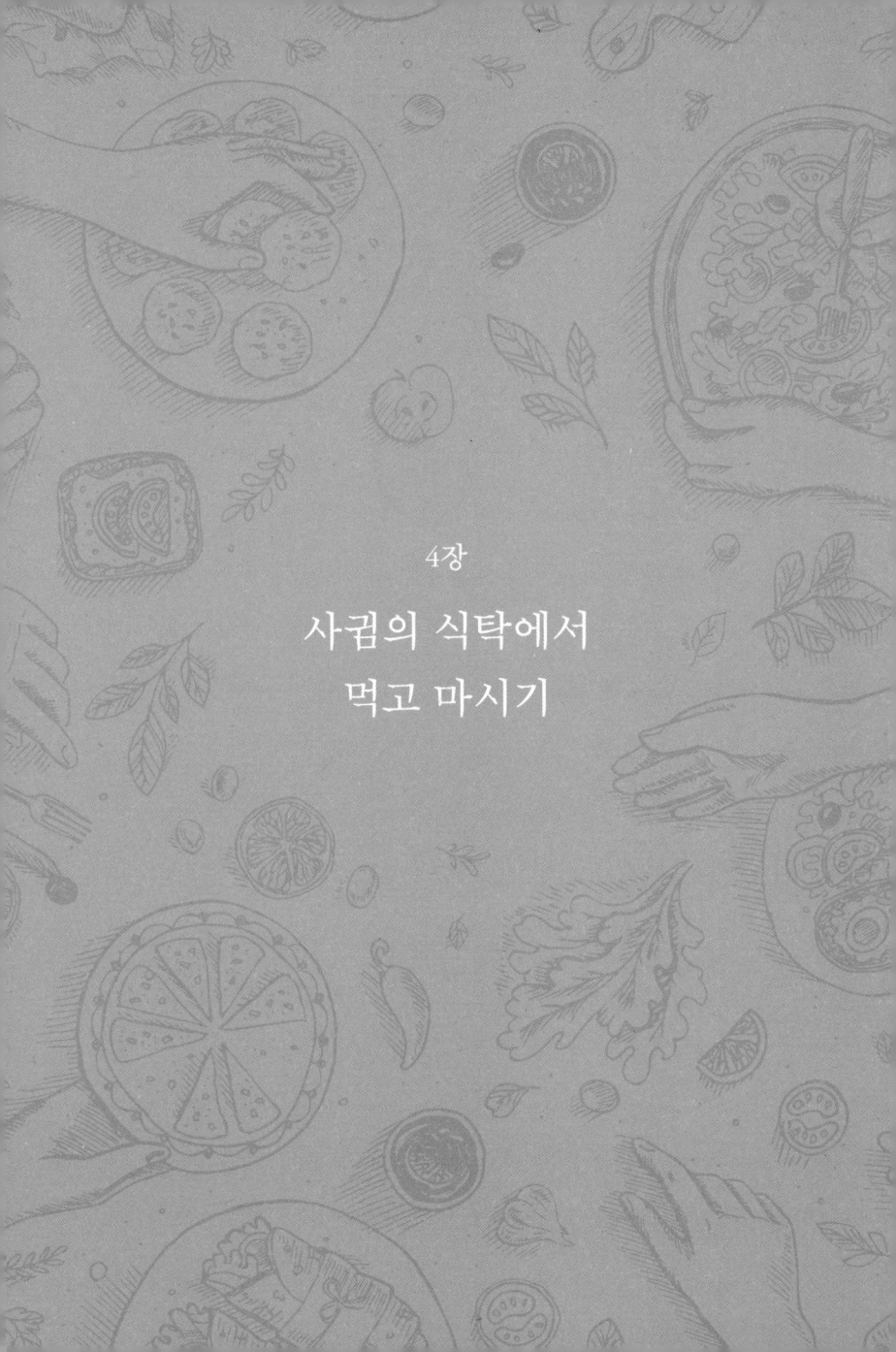

사귐의 식탁에서 _____
읽는 말씀 _____

내 안에 거하라 나도 너희 안에 거하리라
요한복음 15:4

서로 교제하고 떡을 떼며 오로지 기도하기를 힘쓰니라
사도행전 2:42

"다음에 밥 한 번 먹자."

"구체적으로 언제, 어디서?"

인사치레로 하는 말은 그냥 흘려들어야 하는 법입니다. 그런데 그러지 못하는 사람들이 더러 있습니다. 그도 그런 사람들 중 하나였습니다. 모든 말을 엄연한 사실로 받아들여 진심으로 반응했던 것입니다. 그의 태도는 그녀를 퍽 당황스럽고 불편하게 만들었습니다. 그럼에도 불구하고, 그녀는 주워 담을 수 없는 말을 내뱉었다는 이유로 꼼짝없이 그와 밥을 먹어야만 했습니다. 어느 날 그녀는 빚을 갚는 심정으로 한 분식집에서 그와 밥을 먹었습니다. 이후 그들은 되풀이해서 함께 밥을 먹었고, 결국 사귀는 사이가 되어 버렸습니다.

사귀는 거 맞아?

사귐은 기독교 신앙의 가장 큰 특징 가운데 하나입니다. 신앙의 대상과 사귈 수 있는 종교는 기독교가 유일합니다. 인간은 신앙의 대상이신 하나님과 사귈 수 있습니다. 그런데 인간이 하나님과 사귀기 위해서는 한두 가지 주의를 기울여야 합니다. 성경이나 교리에 대한 해박한 지식이 하나님과의 깊은 사귐을 보장해 주지 못한다는 사실입니다. 물론, 지식과 정보가 사귐에 어느 정도 도움을 주기는 합니다. 그렇다고 그 자체가 사귐을 보증해 주는 것은 아닙니다.

신학적으로 개발된 기술과 전문적인 방식을 배운다고 하나님과 잘 사귈 수 있는 것도 아닙니다. 이것은, 남들에게는 조언을 잘해 줄 만큼 연애 기술에 대해 풍부한 지식을 가진 사람이 정작 자기 연애에 대해서는 어쩔 줄 몰라 하는 것과 같습니다. 그러므로 지식과 기술만 있으면 잘 사귈 수 있다는 생각은 버려야 합니다. 사귐은 일정 시간이 지나면 습득할 수 있는 지식이나 기술이 아니라, 평생 동안 성실히 노력해야 하는 인격적 교제라는 사실을 명심해야 하는 것입니다.

그리스도인들은 여러 가지 방법으로 하나님에 대한 지식을 추구합니다. 그러나 그것은 하나님에 대한 이해를 새롭게 제공해 줄 뿐, 그분과의 사귐을 강화해 주지는 못합니다. 그러므로 우리는 교회나 그 밖의 기관들에서 제공하는 성경공부나 각종 프로그램에 참여하는 것만으로 만족해서는 안 됩니다. 새롭게 알게 된 하나님에 대한 지식을 마중물 삼아, 그분과 사귀기 위한 구체적인 훈련을 반드시 경험해야 합니다.

사귐의 하나님

삼위일체 하나님은 사귐의 존재이십니다. 서구 교회의 신학은, 한 분인 동시에 세 분의 위격을 가지신 숫자의 조합으로 삼위일체를 이해했습니다. 그러나 대부분 초대교회의 교부들은 삼위일체 하나님을 관계적으로 이해하려고 했습니다. 즉, 친밀한 인격적 교제를 통하여 삼위 하나님이 완전한 하나가 되셨다는 것입니다. 그들은 하나님을, 논리적으로 규정할 수 있는 대상이 아니라 삶 속에서 관계를 구체적으로 주도하시는 인격으로 경험했던 것입니다.

초대교회 교부들은 성령님의 도움으로 하나님과 이웃과의 관계를 형성시켜 나갔습니다. 성령님은 언제나 그리스도를 향하도록 도우셨고, 삶의 진정한 길과 방향이 되시는 그리스도와의 연합을 추구하도록 하셨습니다. 그리고 그리스도와의 깊은 연합은 하나님 아버지께로 더 가까이 나아가게 하는 원동력이 되었습니다. 즉, 하나님과 사귀는 과정에서 그리스도의 주권적인 인도와 성령님의 도움을 받았던 것입니다.

그들은 하나님을 이해하고 나서 사귐의 관계를 시작하고 발전시킨 것이 아니라, 하나님과의 사귐을 경험하면서 그분을 더욱 깊이 이해할 수 있었습니다. 이러한 과정을 통해서 깨달은 하나님이 삼위, 곧 상호간에 관계로 존재하시는 하나님입니다.

하나님은 서로 간의 깊은 관계로 한 존재를 형성한 삼위일체이십니다. 사람은 그런 하나님의 형상을 반영합니다.

따라서 사람을 이해하는 출발점은 개인이 아니라 관계를 형성하고 있는 공동체입니다. 물론, 관계의 하나님을 사람들에게 여과 없이 적용해서는 안 됩니다. 하나님과 인간은 서로 다르기 때문입니다. 그러나 인간이 공동체를 통해서 비로소 하나님의 형상을 드러내는 것만큼은 분명합니다. 공동체로서의 인간은 사귐을 통해서 관계를 형성하는 존재입니다. 이렇듯 사귐은, 사람이 하나님의 모습을 반영하기 위해서 반드시 필요한 관계의 방식입니다.

사귐의 인간

오늘날에는 사귐이라는 말이 많이 변질되었습니다. 영어에서 '사랑'(love)이라는 말이 지나치게 가볍고 제한된 의미로 사용되는 것처럼 말입니다. 성경에서 언급하고 있는 사랑은 최고의 가치로써 희생과 인내를 통해서만 실현될 수 있는 것입니다. 그런데 오늘날 사용되고 있는 사랑은 단순한 감정의 표현이나, 심하게는 남녀 간의 잠자리를 의미하는 것으로 전락해 버렸습니다.

이와 마찬가지로 사귐의 뜻도 많이 왜곡되었습니다. 깊은 애정이나 헌신 없이 가볍게 즐기는 관계를 사귄다고 말하곤 합니다. 그러나 성경이 말하는 사귐은 '코이노니아'로서 삶의 나눔, 곧 깊은 교제를 의미합니다. 이것은 삶의 전인적인 '나눔'(fellowship)과 '연합'(communion)으로서의 사귐을 뜻합니다.

비록 오늘날 사귐이라는 단어가 많이 변질되기는 했지만, 그것은 여전히 중요한 위치를 가지고 있습니다. 인간은 사귐을 통해서만 삶을 형성해 갈 수 있기 때문입니다. 우리는 인격적인 관계, 곧 사귐을 지향하도록 창조되었습니다. 즉, 하나님은 우리를 사귐의 존재로 지으셨고, 깊은 사귐의 관계 속에 거하십니다. 그래서 인격적인 사귐이 결여되거나 왜곡될 때, 삶은 부분이 아니라 전체가 훼손되고 흔들리게 됩니다.

창조 이후 인간에게 내려진 가장 큰 저주는 바로 '사귐의 단절'입니다. 죄를 범한 아담과 하와는 하나님으로부터 단절되었고, 동시에 부끄러움 없이 사귐이 가능했던 둘 사이에 갈등과 대립이 생겼습니다. 구약, 특별히 오경의 삶과 음식과 제의에 대한 규례들은 하나님과 인간 사이의 올바른 사귐의 방식을 가르쳐 줍니다. 하나님은 그분과 백성, 그리고 백성 상호간의 인격적인 사귐의 방식을 가르쳐 주시기 위해 계명을 주셨습니다. 계명은 하나님을 대상이 아닌 인격으로 대해야 한다는 것을 강조하면서 바르게 예배하는 것이 무엇인지를 가르쳐 줍니다. 또한 이웃은 자기 유익을 위해서 이용할 수 있는 대상이 아니라, 하나님의 형상이기 때문에 사귐을 통해 함께 살아가야 하는 자들임을 분명히 합니다.

마르틴 부버(Martin Buber)는 구약의 핵심을 사귐으로 보았습니다. 인격적 관계를 강조한 그의 철학은 이미 널리 알려져 있습니다. 그는 대상과의 관계를 '나와 그것'(I and It)의 관계에서 '나와 너'(I and Thou)의 관계로 전환하는 삶의 방식을 세밀하게 다뤘습니다. 그에 따르면, 인간의 왜곡된 관계 방식들 중 하나는 사귐이 가능한 인격적 대상(Thou)을 비인격적 대상(It)으로 타락시키는 것입니다. 상대를 비인격적 대상으로 치부할 때 생기는 가장 큰 위험은 자기 관점에 따라서 상대를 규정하고, 자기 유익을 위해서 상대를 이용하거나 심지어는 관계를 끊어 버리는 것입니다.

그런데 이러한 부버의 주장은 여전히 자기중심적입니다. 인격적인 사귐의 출발이 여전히 '나'(I)에게 있기 때문입니다. 인격적 관계로서의 사귐이 자기중심에서 시작된다면 그것은 언제든지 원하는 대로 조절이 가능하기 때문에 위험합니다. 그래서 이런 점을 깊이 숙고하면서 사귐의 출발을 자신이 아니라 타인에게 두어야 한다고 주장하는 사람이 나타났습니다. 유대교 철학자 임마누엘 레비나스(Emmanuel Levinas)입니다. 그의 주장에 따르면, 타인은 인격적 존재로서 나를 향해 주어진 주체입니다. 사귐의 관계에서 인격적 측면을 강조했다는 면에서는 부버와 같은 입장이지만, 사귐의 중심을 내가 아닌 타인에게 두고 있다는 점이 다릅니다. 따라서 성경적 사귐의 의미를 현대화시킨 인물이 레비나스라고 할 수 있습니다.

사귐의 공동체

초대교회 공동체는 사귐을 삶 속에서 인격적으로 실천하려고 노력했습니다. 그들은 단지 모여서 즐기는 일을 사귐이라고 생각하지 않았습니다. 사도들의 가르침, 그러니까 하나님 나라의 복음을 받고 그것을 나누는 모임을 교제(행 2:42)라고 생각했습니다. 즉, 복음을 나누는 시간에 단순히 가볍게 교제했던 것이 아니라, 받은 복음의 무게만큼 서로를 돌보고 나누는 사귐을 실천했던 것입니다.

함께 떡을 떼며 먹고 마시는 것이 그들의 구체적인 사귐의 모습이었습니다. 그 과정에서 그들은 기도를 통해 모든 것을 하나님과 연결했습니다(행 2:42). 이와 같이 성경이 제시하는 사귐은 복음의 가르침을 받고, 서로 교제하고, 떡을 떼고, 기도하는 것입니다. 이것은 또한 교회의 네 가지 사명이기도 합니다. 즉 말씀, 교제, 성찬, 그리고 기도는 교회의 사명이자 사귐의 표현입니다. 이들은 서로 구분된 것이 아니라 긴밀한 연결 속에서 하나님과 공동체의 하나 됨을 돕는 것들입니다.

초대교회 공동체는 하나님 나라의 비전을 가장 구체적으로 실천한 예(완벽한 모델이 아닌)로 볼 수 있습니다. 그들은 함께 먹고 마시는 것을 사귐의 방식으로 선택했습니다. 그들에게 먹고 마심은 단순히 음식을 나누는 것 이상의 의미였습니다. 당시 공동체에서 먹고 마시는 것은 생소하거나 새로운 경험이 아니었습니다. 앞에서도 언급했듯이, 사회적으로 특정한 계층이나 집단의 사람들이 함께 모여 식사를 하면서 사귀는 것은 당시로서는 흔한 풍경이었습니다. 당시 사회에서 성행했던 사귐의 형태가, 함께 모여 식사를 나눈 후 심포지엄 방식으로 대화의 주제를 정해서 이야기를 나누는 것이었다는 말입니다. 고린도전서 11장부터 14장까지의 배경은 이와 관련해서 매우 중요합니다. 사람들은 먹고, 마시고, 같은 주제로 대화하면서 교제를 이어갔습니다. 초대교회가 실천했던 사귐은 이러한 사회적 배경에서는 전혀 새로울 것이 없습니다.

그러나 내용적인 측면에서 본다면 완전히 새로운 실천이었습니다. 초대교회 공동체가 먹고 마신 것은 단순한 음식이 아니었습니다. 그것은 주님의 몸(고전 11:27)이었습니다. 그들이 실제로 먹고 마신 것은 물리적인 음식이었지만, 진실로 먹고 마신 것은 그리스도의 몸이었습니다. 주님의 몸을 먹고 마신다는 것은 한 몸을 같이 나눈다는 의미입니다. 이것은 같이 먹고 마시면서 그들이 하나의 몸이 되었다는 것을 뜻하기도 합니다. 한 몸은 한 공동체를 의미합니다.

오늘날 우리는 하나 됨을 떠올릴 때, 먼저 한 개인을 생각합니다. 그리고 개개인들의 모임이 한 그룹이 되고, 나아가 그룹들이 모여 더 큰 하나를 구성한다고 생각합니다. 그러나 초대교회에는 개인 한 명이라는 개념이 없었습니다. 하나라는 말은 공동체 전체를 가리킬 때에만 사용했던 것입니다. 그들은 하나인 공동체 안에서 자신의 의미와 가치를 발견하고 추구했습니다. 개인은 반드시 전체와의 관계 속에서만 이해했습니다. 그리스도인들이 같이 먹고 마시는 성찬을 가리켜 '사귐'(communion)이라고 한 것은 바로 이러한 하나로서의 연합을 강조한 것입니다.

신앙 공동체에서 먹고 마시는 것은 단지 좋은 음식을 즐기거나 향유하는 것 이상의 의미를 가집니다. 현대의 일부 그리스도인들은 마치 4세기 그리스도인들이 성지 순례를 하듯이 맛집을 찾아다니곤 합니다. 이것은 음식 자체에 초점을 두는 잘못된 사귐이라고 할 수 있습니다. 그리스도인들의 사귐은 음식을 추구하는 것이 아니라 하나님을 추구하는 것이 되어야 합니다. 같은 음식을 나누는 자들을 가리켜 한 몸이라고 하는 것은, 그리스도와의 연합으로 인하여 하나가 되었음을 강조하는 것입니다.

하나 됨을 강조하는 성찬의 사귐은 하나님과의 깊은 연합을 추구하게 하는 동시에 다른 사람들과의 연합을 추구하게 합니다. 하나님과의 사귐은 추상적으로 이루어지는 것이 아닙니다. 먹고 마시는 실제적인 일을 통해 하나님과 사귄다는 것은, 사귐이 일상의 구체적인 행위라는 것을 증명해 줍니다.

하나님이 세상에 스스로를 드러내시는 방식을 가리켜 하나님의 '임재성'(sacramentality)이라고 합니다. 성찬은 하나님의 임재를 구체적으로 경험하는 방식들, 곧 '성례'(sacraments) 중 하나로, 기독교의 모든 교단은 그것을 예외 없이 받아들여 왔습니다. 우리는 먹고 마시는 성찬을 통해서 성령님의 도움으로 그리스도를 바라볼 수 있고, 그리스도의 임재 안에서 하나님 아버지와의 연합을 경험하게 됩니다. 이러한 연합을 가리켜 '하나님과의 사귐'(communion with God)이라고 부릅니다. 하나님의 구체적인 모습은 그리스도를 통해서 나타나기 때문에, 그것을 또한 '그리스도와의 사귐'(communion with Christ)이라고도 부릅니다.

그런데 우리들은 삼위 하나님이 완전히 연합하시는 것처럼 완벽히 연합할 수는 없습니다. 비록 인간이 하나님의 형상을 따라 지어졌지만, 하나님과 똑같을 수는 없기 때문입니다. 따라서 삼위 하나님의 사귐을 인간에게 그대로 적용시키는 것은 바람직하지 않습니다. 그러나 다시 한 번 강조하지만, 하나님이 사귐의 존재이신 것처럼 인간 역시 서로 사귐으로써만 존재할 수 있습니다. 이것은 그리스도 안에서 한 몸을 구성해 가야 함을 뜻합니다.

내가 그리스도에게 받아들여져 그리스도의 몸이 된 것처럼, 상대방도 그리스도에게 받아들여졌음으로 나와 하나가 된다는 것입니다. 이것은 신학자 본회퍼의 가르침대로 그리스도를 관계의 중심에 두는 것을 뜻합니다. 그리스도에게 받아들여진 모든 이들이 그리스도 안에서 하나가 되었다는 말입니다.

연합에서 그리스도 중심성을 잃어버리게 되면 교회는 고작 동일한 비전이나 가치를 추구하는 클럽 정도로 퇴보하게 됩니다. 교회는 그리스도를 중심으로 연합할 때 비로소 교회다워질 수가 있습니다. 그리스도를 중심으로 연합한다는 것은 비록 생각이나 의견이 다를지라도, 나아가 구체적인 삶의 모습이 다를지라도 그리스도 때문에 하나 됨을 추구한다는 것입니다.

사귐에 대한 도전들

교회 공동체는 같이 먹고 마시는 사귐을 통해서, 서로 다른 사람들이 그리스도 안에서 어떻게 한 몸을 이루어 가는지를 직접 경험합니다. 서로 다른 의견을 조율하거나, 모두가 수긍할 수 있는 가치를 설정해서 그것을 추구하는 집단과는 완전히 다릅니다. 오늘날 교회들이 구체적인 목표와 가치를 세워 놓고 그것을 이루기 위해서 사역의 방향을 정하고 힘을 모으는 것은 흔한 일입니다. 이것은 연합의 모습으로 보일 수도 있지만, 사실은 위험한 일이기도 합니다. 왜냐하면 정해진 목표와 가치에 동의하지 않는 사람들, 혹은 그것이 무엇인지 제대로 이해하지 못한 사람들, 그리고 목표와 가치를 이루는 데 참여할 수 없거나 직접적인 기여를 하지 못하는 사람들이 쉽게 소외될 수 있기 때문입니다.

'하나 됨'이라는 미명 아래 구체적인 비전과 목표를 설정하는 것은 사실상 성경적 측면에서 연합을 추구하는 공동체의 실천이라고 보기는 힘듭니다. 오히려 그것은 실용적 가치에 의해서 운영되고, 숫자적인 통계를 통해서 모든 성과를 산출해 내는 현대의 기업과 사회의 실천이라고 할 수 있습니다.

교회 공동체가 추구하는 사귐의 목표는 서로간의 연합입니다. 연합은 그리스도 안에 참여하는 방식입니다. 서로가 합의한 일을 이루어 가는 것과는 다릅니다. 연합의 시작은 인간의 결정에서 비롯되는 것이 아닙니다. 그것은 그리스도의 초청으로부터 시작되고, 인간은 그리스도의 일하심에 참여할 뿐입니다.

따라서 함께 먹고 마시는 성찬에서 우리가 배워야 할 것은 단순히 음식을 나누는 즐거움이나 만족감을 넘어, 그리스도 안에서 전혀 다른 사람들과 하나 되는 사귐입니다. 이때의 사귐은 전혀 사귐이 가능해 보이지 않는 사람들과 함께 교제하는 것을 의미합니다. 우리를 그리스도의 몸의 지체가 되게 하시는 분은 그리스도십니다. 그러므로 누구와 하나가 될 것인지를 선택하는 것은 우리 몫이 아닙니다. 주도권은 전적으로 그리스도께 있습니다. 우리는 다만 그리스도가 묶어 주신 사람들과 인격적 교제를 통해 연합을 추구할 뿐입니다.

이와 같은 사실은 사귐에서 주의해야 할 점을 가르쳐 줍니다. 그것은 그리스도 안에 있는 그 누구도 사귐에서 소외되지 않도록 돌보는 것입니다. 역사적으로 사귐의 구체적인 실천 가운데 하나는 '평안의 입맞춤'(the kiss of peace, 고후 13:12)이었습니다. 평안의 입맞춤은 성찬을 통해 연합을 추구했던 초대교회 그리스도인들이 실천했던 방식입니다.

그런데 초대교회 이후 13세기부터 16세기까지의 중세 교회는 성찬을 부활절에 단 한 번만 받을 수 있게 했습니다. 그래서 평안의 입맞춤은 성도들의 실천이 아닌 사제, 곧 신부들만의 행위로 바뀌어 버렸습니다.

오늘날 가톨릭에서는 교황의 권한으로 바뀌었고 다른 교단의 경우에는 예배 때 평안의 입맞춤을 직접 실천하는 경우가 거의 없어져 버렸습니다. 결국 성찬은 공동체가 아닌 개인적 측면에서 그리스도와 연합하는 것으로 축소되었고, 공동체가 그리스도 안에서 하나로 연합하는 사귐의 의미는 서서히 사라졌습니다. 그러므로 성찬을 통해 원래 의도했던 공동체의 사귐을 지속하려면 그리스도 안에서의 연합을 의도적으로 노력해야 합니다. 즉, 그리스도가 연합하도록 묶어 주신 다른 사람들과의 사귐을 의식적으로 행해야 하는 것입니다.

예배 안에서 이루어지는 성찬은 이러한 사귐을 위한 장소와 기회를 제공합니다. 성찬에 함께 참여하는 이들은 우리 스스로 정하거나 초청한 대상이 아니라, 그리스도가 초청하신 사귐의 대상입니다. 그러므로 우리는 그리스도가 정해 주신 그들과 연합해 가는 노력을 해야 하는 것입니다.

사귐의 식탁에서 먹고 마시기

하나님과의 사귐을 통해서 공동체는 하나님의 거룩한 영광을 경험하고, 영광 안에 거하는 것이 무엇인지를 익히게 됩니다. 하나님의 영광에 참여한다는 것은 하나님처럼 되는 것이 아니라, 온전한 인간이 되는 것을 의미합니다. 참된 인간만이 하나님과 사귈 수 있고, 그 사귐을 오래 지속할 수 있는 것입니다.

우리는 먹고 마시는 일상적인 일을 통해 그리스도의 임재 안에서 하나님의 영광을 경험합니다. 그렇다면 우리는 무슨 일을 하든지 하나님과의 사귐 속에서 할 수 있습니다. 즉, 우리는 일상의 자리에서 그분의 영광을 경험할 수 있으며, 나아가 그분과의 사귐을 지속해 나갈 수 있는 것입니다.

같이 밥을 먹다가 사귀게 된 그와 그녀는 자연스럽게 결혼에까지 이르게 되었습니다. 결혼 후 그들의 사귐은 이전과는 비교할 수 없을 만큼 더욱 깊어져만 갔습니다. 매일 매 끼니를 함께 먹고 마셨기 때문입니다. 전인격적인 교제의 결과로 두 명의 자녀가 창조되었습니다.

그리스도는 그들의 식탁에서도 항상 주인이셨습니다. 서로 빵을 잘라 줄 때, 큰 김치를 찢어 줄 때, 생선을 발라 줄 때마다 그리스도는 자신을 감추지 않고 드러내셨습니다. 그래서 그들은 음식을 나눌 때마다 그리스도를 나눌 수밖에 없었고, 그리스도를 중심으로 어제보다 오늘 더 사랑하고 친밀해져 갔습니다.

이제 넷이 된 그들은 둘이나 셋이었을 때보다 훨씬 더 풍성하고 다양한 연합을 경험하는 중입니다. 그리스도 안에서 먹고 마시는 그들이 삼위일체 하나님의 신비에 참여하는 것은 물론입니다. 성령님의 손길 안에서 그들은 지금도 하나가 되어 가는 중입니다. 아니, 그들은 이미 하나입니다. 먹고 마실 때마다 하나님과의 연합을 추구하고 있으니 말입니다.

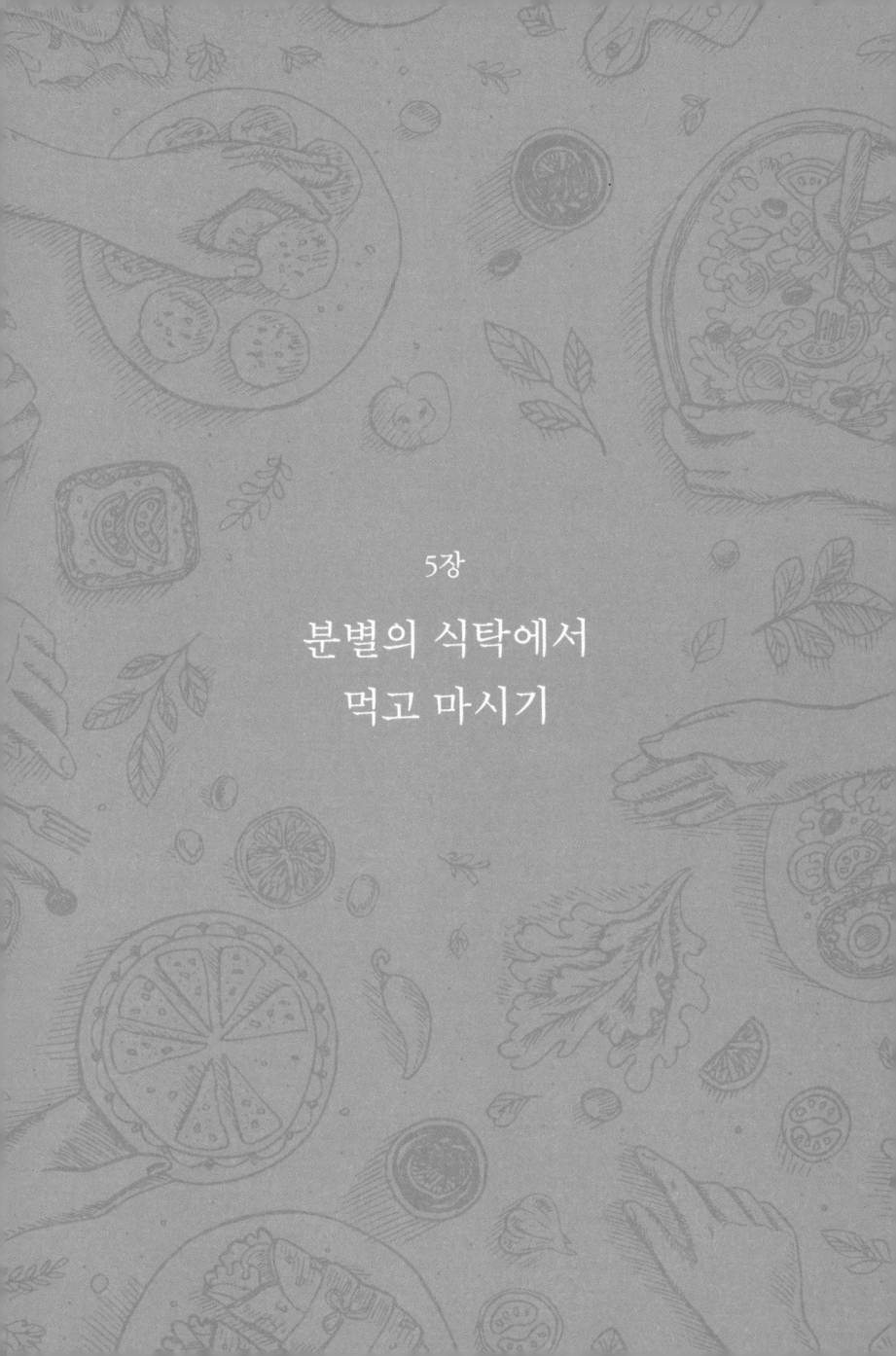

5장

분별의 식탁에서 먹고 마시기

분별의 식탁에서 _____
읽는 말씀 _____

사람이 자기를 살피고
그 후에야 이 떡을 먹고 이 잔을 마실지니
주의 몸을 분별하지 못하고 먹고 마시는 자는
자기의 죄를 먹고 마시는 것이니라
그러므로 너희 중에 약한 자와 병든 자가 많고
잠자는 자도 적지 아니하니
우리가 우리를 살폈으면 판단을 받지 아니하려니와

고린도전서 11:28-31

첫째 딸아이가 태어났을 때, 저희는 기쁜 고민에 휩싸였습니다. 아직 이름을 짓지 않았던 것입니다. 물론 저희 수중에는 물망에 오른 좋은 이름들이 있었습니다. 하지만 하나님이 주신 최고의 선물이었던 까닭에 아이의 이름을 선뜻 고를 수가 없었습니다. 거대한 가치를 가진 존재의 이름을 손쉽게 붙일 수 있는 이는 없을 것입니다.

주저에 주저, 고심에 고심을 하던 중에 아이 아빠가 일을 저지르고 말았습니다. 아직 합의되지도 않은 상태에서 출생신고를 덜컥 하고 말았던 것입니다. 저녁 때 아이의 출생신고서를 슬그머니 내놓는 남편 앞에서 아이 엄마는 눈을 동그랗게 떴습니다. 아이의 이름을 쓰는 란에는, 적어도 한국 교회 안에서는 흔하디흔한 이름이 적혀 있었기 때문입니다. 특별하기만 한 딸아이에게 이런 흔한 이름을 붙이다니! 아이 엄마의 볼멘소리가 한동안 아이 아빠를 괴롭혔음은 물론입니다.

인정하기 힘든 세상

'인정'(recognition)은 사귐의 과정에서 굉장히 중요합니다. 상대를 인정하지 않고서는 사귐이 이루어질 수 없기 때문입니다. 성경 속의 아담은 인정의 폭넓은 의미를 보여 줍니다. 세상을 창조하신 후, 하나님은 아담을 부르셨습니다. 그것은 목적이 있는 부르심이었습니다. 하나님이 창조하신 것들을 인정하라는 것이었습니다. 각종 들짐승과 공중의 새를 지으신 뒤, 하나님은 아담이 그것들을 무엇이라고 부르는지 보고 싶어 하셨습니다(창 2:19). 아담이 해야 할 일은 하나님이 만드시고 보여 주신 만물에 이름을 붙이는 것이었습니다. 그런데 이름을 붙이는 것은 단순히 호칭을 부여하는 것이 아닙니다. 그것은 하나님과의 관계 속에서 대상의 본질과 가치를 정확히 드러내는 신앙적 행위였습니다. 그러니까 하나님이 인간을 부르신 이유는, 만물의 본질과 가치를 드러냄으로써 하나님의 주인 되심을 인정하라는 것이었습니다.

하나님 사랑의 절정은 예수님입니다. 하나님이신 예수님이 피조물처럼 육신을 입고 이 땅에 오셨던 이유는 바로 사랑 때문입니다. 우리는 예수님을 인정함으로써 하나님의 위대한 사랑을 인정하고 받아들입니다. 그런데 이와 같은 인정은 실제 삶과는 동떨어진 채, 교리적인 가르침으로 고백되곤 합니다.

그리스도인들의 실제 생활을 들여다보면, 요한복음 첫 장에 묘사된 모습과 그리 다르지 않습니다. "그가 세상에 계셨으며 세상은 그로 말미암아 지은 바 되었으되 세상이 그를 알지 못하였고(인정하지 않았고)"(요 1:10). 이것은 오늘날 그리스도인들 사이에서도 만연한 모습입니다. 하나님을 부르는 것과 하나님을 인정하는 것은 다른 문제입니다. 그리스도인들 중에는, 하나님을 부르기는 하지만 하나님의 하나님 되심을 인정하지 못하는 이들이 많습니다. 다시 말해 하나님의 원래 모습과 본질을 이해하고 인정하기 보다는, 스스로 정해 놓은 방식 안에서 하나님을 제한적으로 인정하는 경우가 대부분입니다.

게다가 우리는 이웃들도 제대로 인정하지 못할 때가 많습니다. 우리 스스로 정한 기준에 따라서 상대를 대하는 것입니다. 이런 태도는 사귐을 방해하는 결과를 낳습니다. 사람들을 인정한다는 것은 무조건 칭찬을 하거나 혹은 장점만을 찾아서 높이 평가하는 것이 아닙니다. 사람은 누구나 하나님으로부터 가치를 부여받았다는 것을 확신하면서 그들을 부르고 대하는 것입니다.

저희는 케냐 선교사로서 새로운 문화와 공동체 안에서 살았습니다. 타문화권에 적응하며 살아간다는 것은 기본적으로 어려운 일인데, 특별히 아시아인에게 아프리카는 꽤 힘든 세상이었습니다. 그중에서도 특히 저희를 괴롭게 했던 것은 인정받지 못하는 것이었습니다. 여기서 말하는 인정은, 힘든 여건과 상황 속에서도 하나님의 사역을 위해 수고하는 것에 대한 인정이나 치하가 아닙니다. 비록 주변부에 있다 할지라도, 함께 살아가는 아프리카 사람들에게 공동체의 일원으로서 인정받는 것을 의미합니다. 무엇을 기여해서가 아니라, 그냥 공동체에 속한 사람으로 받아들여지는 것을 뜻합니다.

그런데 입장을 바꿔서 생각해 보면, 이해 못할 것도 없습니다. 그들의 관점에서 본다면 저희는 타문화권의 이방인이기 때문입니다. 그들이 전혀 다른 저희를 인정하고 받아들이는 것은 쉽지 않은 일이었을 것입니다. 그것은 오랜 시간과 의도적인 노력이 필요한 일입니다. 어쩌면 저희는 그들이 처음부터 저희를 열렬히 환영해 줄 거라고 기대했는지도 모릅니다. 박사 학위를 받은 사람, 급여를 받지 않고 봉사하는 사람, 주님의 부르심을 따라 고향을 떠나 이방 땅에서 외국인으로 살아가는 존귀한 사람이라는 가치를 인정받고 싶었던 것입니다.

그러나 그것은 어디까지나 저희 편에서의 기대였습니다. 그들은 달랐습니다. 그들에게 저희는 학력과 경력을 갖춘 사람이 아니라 그저 평범한 외국인일 뿐이었습니다. 그리고 그들이 저희에게 원하는 것은 함께 이야기하고, 같이 울고 웃으면서 더불어 살아가는 것이었습니다.

오랜 시행착오 끝에 저희는 비로소 깨달았습니다. 자

기 스스로 가치를 정해 놓고 그것을 인정받으려고 했던 것은 잘못된 출발이었음을 말입니다. 인정의 출발은 하나님에게 있습니다. 진정한 인정은 자신이나 사회가 정해 놓은 가치에 좌우되는 것이 아닙니다. 사회적 지위와 신분, 또는 경제적 소유에 따른 차별이 아니라 하나님으로부터 부여받은 것에 대한 존중이 인정의 출발인 것입니다.

차별을 통한 인정

사람을 본연의 가치대로 인정하는 것은 생각보다 훨씬 어려운 일입니다. 우리 사회가 규격화된 특정 기준에 따라 사람을 구분 짓고 있기 때문입니다. 즉, 사회에서 일반적으로 통용되는 인정은 차별에 입각한 존중입니다. 사람들이 좋은 학벌, 더 높은 경제적 지위, 나아가 더 나은 문화적 혜택을 가지려고 하는 것은 그것을 통해 주어지는 인정을 받고 싶기 때문입니다.

우리 사회에서 명문대를 나오는 것은 기본적으로 인정

받을 수 있는 기회가 많아진다는 것을 뜻합니다. 또한 사회는 상대적으로 많은 소비를 하는 사람들을 존중하는 방식으로 구조화되어 왔습니다. 멤버십 제도가 바로 그 중 거입니다. 이것은 단순히 포인트를 축적하여 물건 구입 시 혜택을 주는 것 이상을 의미합니다. 그것은 소비자를 인정하는 방식입니다. 특히 백화점의 경우에는 소비자를 철저히 차별하여 인정해 줍니다. 일 년마다 고액을 소비한 사람들을 진정한 고객으로 구분해서 VIP 라운지나 발렛 파킹 이용 등의 특혜를 주는 것입니다. 비행기에서도 이러한 차별적 인정은 명백히 드러납니다. 고액의 돈을 주고 항공권을 구입하는 승객은 클래스가 남다른 사람으로 인정되어 더 나은 서비스를 제공받습니다.

그런데 대다수 사람들은 명문대를 나오거나, 백화점의 VIP 고객이 되거나, 비행기의 퍼스트 클래스를 탈 수가 없습니다. 그렇기 때문에 그들은 인정보다는 인정받지 못하는 경험을 훨씬 많이 합니다. 나아가 사회가 규격화한 차별적 인정이 전부라고 생각하여, 어떻게든 좀 더 나은 자리를 쟁취하기 위해 공부를 하거나, 돈을 벌거나, 권력을 손에 쥐려고 인생을 탕진하기도 합니다.

예수님의 인정

우리는 인정에 대한 올바른 가르침을 예수님의 사역을 통해 얻을 수 있습니다. 그분은 특별히 먹고 마시는 일을 통해서 인정에 대한 하나님의 뜻을 실천하셨습니다. 예수님 사역의 특징들 중 하나는 사람들에게 함께 먹고 마실 수 있는 기회를 제공한 것입니다. 심지어 어떤 사람은 예수님을 가리켜 '먹기를 탐하고 포도주를 즐기는 사람이요 세리와 죄인의 친구'(마 11:19)라고까지 했습니다. 게다가 예수님은 세리와 죄인들과 함께 먹고 마시는 일을 공개적으로 행하셨습니다. 그래서 '세리와 죄인의 친구'라는 당시로서는 치욕적인 별명을 얻기까지 하셨습니다. 신약의 사복음서는, 예수님이 먹는 것과 관련해서 보이신 이적(여러 사람들을 불러 먹이고 배부르게 하신 사건)들을 예외 없이 기록하고 있습니다. 또한 예수님이 십자가를 지시기 전 제자들과 함께 마지막으로 행하신 것도 먹고 마시는 일이었고, 그 일을 지속적으로 행할 것을 당부하셨습니다.

예수님은, 전혀 어울릴 수 없을 것 같은 사람들에게 같이 먹고 마실 수 있는 기회를 제공해 주셨습니다. 이미 앞에서도 언급했듯이, 당시에 먹고 마시는 행위는 중요한 사회적 활동이었습니다. 대부분 신분과 지위에 따라 모여 먹고 마시면서 교제를 나누었던 것입니다. 특정한 단체에서 함께 먹고 마시는 것은 특별한 사회적 신분을 가졌다는 뜻이었습니다. 같이 먹고 마시면서 그들은 사회적, 경제적으로 구분된 지위를 인정받았던 것입니다.

그런데 만일 누군가가, 자격을 갖추지 못한 사람을 구별된 모임에 초대한다면 그것은 혼란을 일으키는 위험한 행동으로 여겼을 것입니다. 예수님이 세리와 죄인과 함께 먹고 마신 것은 바로 이런 수준의 행동이었습니다. 그것은 단순한 위로와 격려가 아니라, 그들을 파격적으로 인정하고 받아들이는 것이었습니다. 예수님은 구별된 거룩한 신분과 지위를 가지고 계셨습니다. 그런 분이 사회에서 죄인으로 간주되던 사람들과 함께 먹고 마셨던 것입니다. 당시의 종교와 사회에 정면으로 도전하신 것이나 다름없는 행동이었습니다.

먹고 마시는 일을 통해 예수님이 보여 주신 것은 사회, 경제적 기준에 따른 차별적 인정을 뒤엎으신 것입니다. 모든 인간은 하나님의 피조물로서의 고유한 가치를 지닌 존재임을 인정하는 것이었습니다. 초대교회 공동체는 이러한 예수님의 인정을 그대로 따라 순종했습니다. 즉, 사람을 인정하는 근거를 사회적, 경제적 수준이 아니라 하나님의 창조성에 두고 누구나 함께 먹고 마셨던 것입니다. 물론, 이러한 교회의 실천은 결코 쉽지 않았습니다.

초대교회의 인정 문제

고린도전서 11장은 인정과 관련해서 중요한 교훈을 제시해 줍니다. 바울은 당시 고린도교회의 먹고 마시는 일, 곧 성찬에 대해서 매우 진지하고도 격양된 어조로 교훈했습니다. 바울이 고린도교회에 대해 문제 삼았던 것은 분쟁과

파당(18, 19절), 곧 갈등과 차별에 따른 분리였습니다. 그런데 교회의 이런 갈등과 분리를 단적으로 드러낸 것이 먹고 마시는 행위였습니다. 모두가 함께 해야 할 식탁에서 일부 사람들이 먼저 먹고 마시고 취했던 것입니다(21절). 바울은 그런 행위를 가리켜 '하나님의 교회를 업신여기고 빈궁한 자들을 부끄럽게'(22절) 하는 일이라고 강하게 책망했습니다.

당시 교회 공동체에는 예수님의 가르침을 따라 경제적으로 부유하고 사회적으로 어느 정도의 지위를 갖고 있는 사람들뿐만 아니라 상대적으로 가난하고 사회적 지위가 낮은 사람들도 포함되어 있었습니다. 교회 안에서는 모두가 한 형제요 자매로 평안의 인사를 나누는 지체, 곧 그리스도의 몸을 구성하는 이들이었던 것입니다. 하지만 교회 밖으로 나가면 당시 사회의 구조에 따라서 고용주와 노동자, 주인과 하인, 채권자와 채무자의 관계를 맺고 있었습니다. 자연스럽게 같은 부류끼리 먹고 마시는 사회 풍토를 거스르는 것이었기에, 교회에서 함께 먹고 마시는 일이 쉽지는 않았습니다. 사회에서 이미 익숙해진 방식대로, 부유한 자들은 자신들이 가져온 음식을 먼저 먹고 나누며 교제했습니다. 일을 끝내고 뒤늦게 교회 모임에 참여한 이들은 먹을 음식이 없었을 뿐만 아니라, 그들 앞에 놓인 빈 그릇과 남은 음식 찌꺼기들을 보며 부끄러움을 느낄 수밖에 없었습니다. 이런 모습을 향해 바울은 하나님의 교회를 업신여기는 것이라고 책망했던 것입니다.

이와 같이 먹고 마시는 것은 단순한 일이 아닙니다. 그것은 하나님이 새롭게 세우신 공동체의 가치를 인정하느냐 그렇지 않느냐와 밀접한 관련이 있습니다. 단순히 음식의 종류나 양이 문제가 아니라 음식을 나누는 사람들의 태도가 중요합니다. 공동체와 함께 먹고 마시는 일은 하나님이 초청하신 식탁에 응답하는 것입니다.

식탁에 참여할 때 필요한 것들 중 하나는 하나님의 초대를 받은 다른 사람들에 대한 인정입니다. 예수님이 초청하신 사람들과 식탁을 마주하는 것은 예수님이 그들에게 부여하신 가치를 우리도 인정한다는 뜻입니다. 그런데 이러한 인정이 쉽지는 않습니다. 함께 초대받은 자들의 사회적 지위나 경제적 위치, 혹은 생각이나 취향이 우리와는 많이 다르기 때문입니다.

그럼에도 불구하고 우리는 고린도교회 교인들처럼 분쟁과 나눔을 선택해서는 안 됩니다. 사회단체들처럼 정해 놓은 특정한 기준에 따라 사람들을 구분해서는 안 되는 것입니다. 그것은 교회의 머리이신 그리스도의 뜻이 아니기 때문입니다. 그렇다면 그리스도의 뜻대로 모두가 한 식탁에서 먹고 마시기 위해서는 어떻게 해야 할까요? 단 한 가지 유일한 방법이 있습니다. 그것은 '주의 몸을 분별'(recognizing the body of the Lord)한 뒤 먹고 마시는 것입니다(29절).

인정을 통한 분별

바울은 주의 몸을 분별하고(recognize) 있는지 자신을 잘 살핀(28절) 후에, 먹고 마시라는 교훈을 주었습니다. 주의 몸을 분별한다는 것은 교회에 속한 사람들을 인정한다는 뜻입니다. 그런데 안타깝게도 지금까지 우리는 주님의 몸을 분별하기 위해 자신을 살피는 일을 개인주의적으로 받아들여 왔습니다. 자신의 몸과 마음, 그리고 삶이 그리스도의 떡과 잔을 받기에 합당한지 살피는 일에 집중해 왔던 것입니다. 이것은 먹고 마시는 성찬을 개인적인 경건 생활에만 연결시킨 것입니다. 그러나 바울이 고린도교회를 통해서 우리에게 권면하고 있는 것은 조금 다릅니다. 성찬에 앞서서 우리가 힘써 노력해야 할 것은 교회의 다른 지체들을 향하여 어떤 태도를 취하고 있는지, 그들을 주님의 몸으로 인정하고 있는지를 살피는 것입니다.

주님의 가르침에 정통했던 지도자들의 인도를 따라, 초대교회 공동체는 세례 받은 모든 지체들을 차별 없이 주님의 식탁에 초청했습니다. 그러나 교회는 차츰 식탁에 적합한 자들을 가려내고, 그렇지 못한 자들을 막는 일(fencing the Table)에 비중을 두기 시작했습니다. 결국 세례 받은 모든 자들을 성찬에 포함시켰던 초대교회와는 달리, 중세 교회부터 현대의 많은 교회들은 유아 세례를 받은 아이들이 성찬을 받지 못하도록 막았습니다. 성찬이 포용의 식탁이 아닌 통제와 배제의 식탁으로 변해 버린 것입니다. 결과적으로, 성찬을 통해 다른 지체들을 깊이 인정하고 포용하는 삶의 방식을 자연스럽게 터득하기 어렵게 되었습니다.

그러나 성찬을 통해 우리가 경험해야 할 본래의 가르침은 같은 식탁에 초대받은 이들을 인정하는 것입니다. 그러기 위해서 우리는 누구도 소외되지 않도록 주의를 기울여야 합니다. 사람을 객관화시키지 않도록 최선을 다해야 하는 것입니다. 사람을 객관화시키면 그 사람이 가진 조건과 기능에 따라 그를 대하게 됩니다. 사회적 신분과 지위에 따라서, 공동체에 얼마나 유익이 되는지에 따라서 사람을 차별하게 되는 것입니다.

상대를 객관화시킬 때 인격적인 관계는 무너져 버립니다. 현대의 소비 사회에서 사람을 고객으로 객관화시키는 것이 가장 극명한 예입니다. 백화점에서 옷을 구입할 때 직원들은 우리를 향해 고객이라고 부릅니다. 그들은 환한 미소와 친절한 말투, 그리고 온갖 서비스를 제공하려고 애를 씁니다. 그런데 만일 다음 날 이 직원을 공원에서 만난다면, 어떨까요? 더 이상 고객이 아닌 까닭에 그들은 우리를 무시하면서 그냥 스쳐 지나가 버릴 것입니다. 이러한 사회에서 교회 공동체는 어려움을 겪기 마련입니다. 상대방을 막연히 같은 곳에서 예배하는 사람으로만 인식하게 되기 때문입니다. 그만큼 상대방을 하나님이 창조해 주신 인격으로 대하는 것이 낯설고 어렵게 느껴지는 것입니다.

사람을 객관화시킬 때, 상대방은 인격을 가진 존재가 아니라 문제로 축소됩니다. 문제는 해결할 대상이지 인정하고 받아들일 대상이 아닙니다. 예를 들어, 의사에게 환자는 병이라는 문제를 가진 사람으로 취급됩니다. 그래서 의사는 그 사람을 병으로 축소해서 보고, 병을 해결하는 데만 초점을 맞추어 상대합니다. 그렇게 될 때 환자는 병 이상의 인격적 대상으로, 즉 가치 있는 사람으로 받아들여지기 어렵습니다.

그러나 인격적 관계를 맺고 있는 가족은 다릅니다. 비록 병에 걸렸을지라도 그 사람을 병으로 축소시키지 않습니다. 지속적으로 사랑하는 인격적 존재, 곧 가족으로 대하는 것입니다. 삶의 조건이나 기능에 따라서 사람을 인정하는 것은 하나님의 뜻이 아닙니다. 하나님의 형상을 닮은 본연의 가치에 따라서 그 사람을 바라보고 온전한 인격으로 대하는 것이 바로 인정입니다. 이러한 인정은 의지적이고 의식적인 노력을 요구하는 사랑의 행위이기도 합니다.

분별의 식탁에서 먹고 마시기

그리스도인의 인정은 사회의 것과는 다릅니다. 그것은 제한된 사람들, 제한된 영역에서만 누릴 수 있는 것이 아니라 폭넓게 경험할 수 있는 것입니다. 먼저, 하나님의 형상을 지닌 사람 자체로 우리는 인정을 합니다. 그리고 관계 속에서도 마땅히 인정을 합니다. 즉, 부모, 자녀, 친구, 동료 등 관계를 맺은 상대를 그 자체로 인정하는 것입니다. 부모가 자녀로부터 부모로 인정받는 일, 자녀가 부모로부터 자녀로 인정받는 일, 친구가 다른 친구에게 친구로 인정받는 일, 그리고 직장이나 같은 단체에서 소속된 다른 이들로부터 동료로 인정받는 일 등은 공동체 안에서 살아가는 모든 사람들에게 가장 필요하고 기본적인 인정입니다. 이것은 하나님이 세상을 창조하실 때 모든 피조물에게 부여하신 본질과 가치를 인정하는 것입니다.

교회에서 "하영아!" 하고 부르면 뒤를 돌아보는 아이들이 꽤 많았습니다. 그들 중에는 남자 아이들도 심심찮게 있었습니다. 하영(廈榮). '큰 집, 곧 하나님 나라의 영광'이라는 뜻의 이름이 꽤나 인기가 많았던 것입니다.

  아이의 아빠는 흔한 이름이 좋은 것이라고 주장하곤 했습니다. 옳은 주장이었습니다. 누가 봐도 좋은 이름이기에 흔해질 수도 있었던 것입니다. 그리고 그분이 창조해 주신 아이의 본질과 가치를 염두에 둔다면 그만한 이름이 또 없습니다. 그렇게 아이는 끝도 없이 '하영'이라고 불리면서 저희 가족의 일원이자 교회 공동체의 지체로 인정을 받게 되었습니다. 한 식탁에 앉아 먹고 마시면서 아이는 수많은 인격적인 관계를 맺습니다. 그렇게 오늘도 아이는 하나님 나라의 영광답게 무럭무럭 자라가는 중입니다.

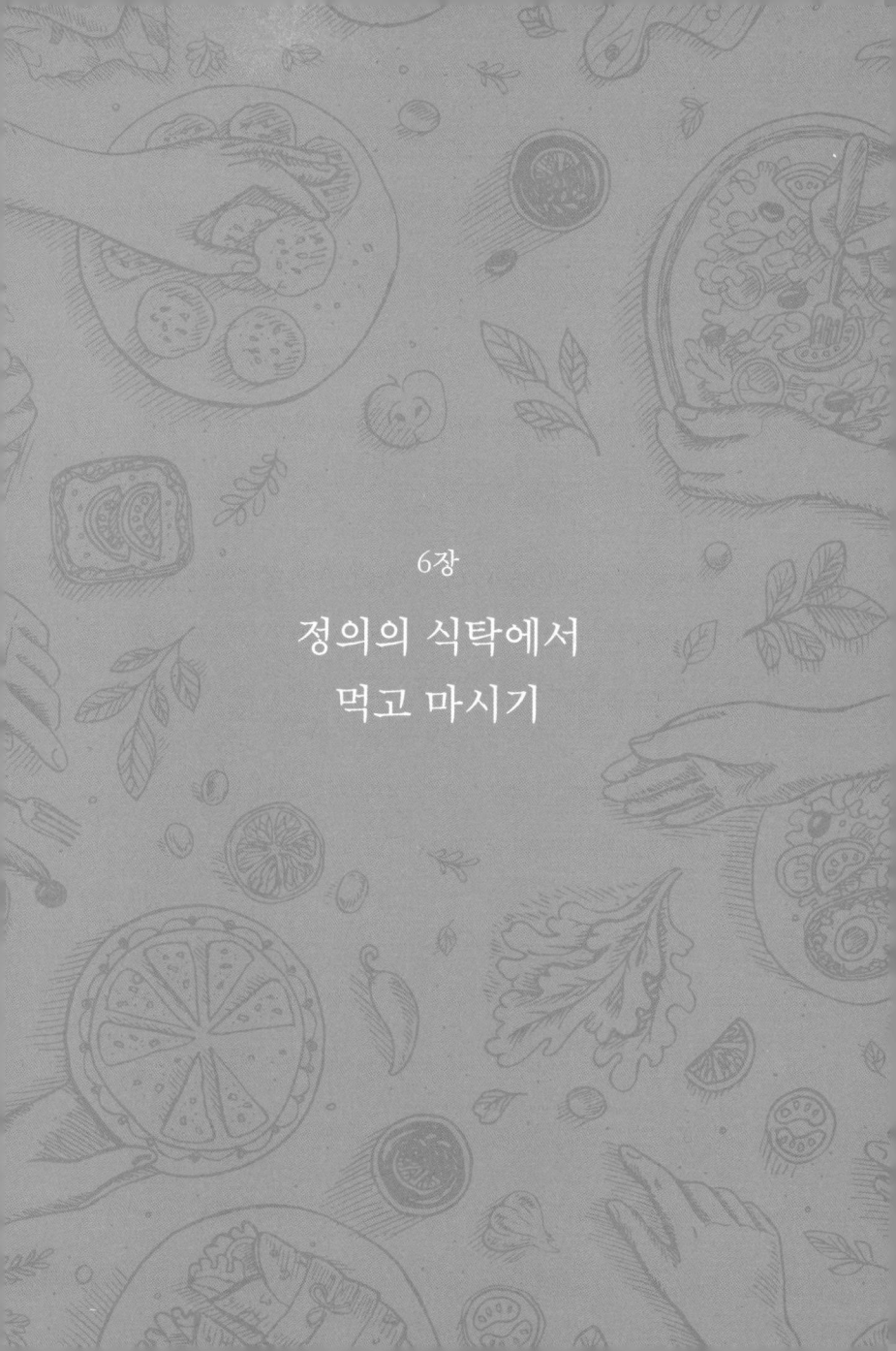

6장

정의의 식탁에서 먹고 마시기

정의의 식탁에서
읽는 말씀

그런즉 내 형제들아 먹으러 모일 때에 서로 기다리라
고린도전서 11:33

처음 케냐 교회의 성찬식에 참여했을 때, 저희는 많이 놀랐습니다. 여성들이 떡과 잔을 나누어 주었던 것입니다. 그들이 나누어 준 떡과 잔을 받은 뒤, 예배당을 나오면서 놀란 이유에 대해 곰곰이 생각해 보았습니다. 가장 큰 이유는, 여성에게 강단권(講壇權)과 의결권을 허용하지 않는 교단에서 저희가 자랐기 때문이었습니다. 예배 때 여성들이 맡았던 역할은 기껏해야 찬양대 지휘 정도였습니다. 그런데 케냐 교회의 여성들은 사회와 대표기도, 찬양 인도와 설교, 나아가 분병(分餅)과 분잔(分盞)에 이르기까지, 예배의 거의 모든 순서에 참여하고 있었습니다.

케냐는 한국과 마찬가지로 전통적으로 가부장 사회입니다. 가장(家長)의 권한을 가지고 있었던 사람이 주로 남성이었기 때문에, 가부장 사회는 남성 중심의 사회를 의미합니다. 남성이 주도적으로 이끌고 다스리는 곳에서 여성은 철저히 차별의 대상이 됩니다. 그런데 다른 곳은 몰라도 케냐의 교회만큼은 여성이 남성과 동등하게 모든 사역에 참여하고 있었습니다. 그런 모습을 지켜보는 것이 퍽 낯설고 불편했던 까닭은, 아마도 어려서부터 무의식적으로 차별을 목격하고 당했기 때문일 것입니다. 차별을 비로소 차별로 느끼게 된 것입니다.

정의의 의미

정의(正義)의 의미를 정확히 풀어내는 것은 어려운 일입니다. 그것이 철학과 정치, 윤리 등 삶의 모든 영역을 아우르고 있기 때문입니다. 그래서 '정의란 무엇인가?'라는 질문에는 매우 다양하고 복잡한 답들이 존재할 수밖에 없습니다. 쉽게 답할 수 없는 복잡하고 어려운 문제는 옆으로 슬그머니 치워 두고 싶습니다. 그러나 정의는 간단하게 옆으로 치울 수 있는 것이 아닙니다. 그것은 마치 공기와 같아서, 눈에 보이지는 않지만 사람과 사람 사이마다 자리를 잡고 앉아서는 그들 사이를 조율해 주고 있기 때문입니다.

정의를 이해하는 방법들 중 하나는 정의의 반대 상태를 먼저 확인하는 것입니다. 정의의 반대 상태는 불의(不義)입니다. 그것은 차별과 무시 등으로 인간의 기본적인 권리를 짓밟는 올바르지 못한 상태입니다. 그런 점에서 정의는 모두가 차별 없이 공평하게 마땅한 권리를 존중받는 것이라고 할 수 있습니다. 물론 이것은 정의에 대한 다양한 이해들 중 하나일 뿐입니다. 그러나 정의가 치우침 없는 공평함을 추구한다는 것만큼은 명백한 사실입니다. 특별한 자격이나 조건 때문에 더 나은 혜택을 받는 것을 경계하고, 모두가 차별 없이 동일한 혜택을 받게 하는 것이 정의인 것입니다.

차별 선호사상

정의와 긴밀하게 관련된 차별 역시 심각하고 복잡한 주제입니다. 단순히 사회의 구조적인 문제로 치부하기에는 그

영향력이 막강합니다. 차별은 사람들의 생각과 가치를 쥐락펴락합니다. 흔히 사람들은 자신이 누리고 있는 혜택과 특권들을 다른 이들과 나누고 싶어 하지 않습니다. 이렇게 꺼리는 마음이 사람의 보편적인 성향이라고 생각하기까지 합니다. 모두 차별의 입김 때문입니다.

미국 유학생 시절, 석사 과정 공부를 위해 학교를 옮겨야 했던 적이 있습니다. 당시는 뜨거운 여름이었는데, 저희들은 새로운 학기가 시작되기 전에 이사할 집을 찾기 위해 낯선 도시를 누벼야 했습니다. 딱히 아는 사람도 없고 이사할 곳도 생소하던 차에, 같은 유학생 처지인 한국인을 만나게 되었습니다. 반가운 마음으로 그가 살고 있는 곳의 생활 여건에 대해 물어 보았습니다.

그런데 기대와는 달리 상대방의 반응은 '왜 하필 내가 살고 있는 곳으로 이사하려 하느냐?'였습니다. 태도가 무척 적대적이었던 탓에, 저희는 더 이상 묻지 못하고 자리를 뜰 수밖에 없었습니다. 가만히 생각해 보니 그분은 같은 한국인이 자기 주변에 머무는 것을 원치 않았던 것 같습니다. 자신이 이미 누리고 있는 혜택(?)이 줄어들까 염려하는 불편한 마음을 가지고 있었던 것입니다.

　차별(discrimination)은 자신이 이미 누리는 혜택을 의식적이든 무의식적이든 지속적으로 혼자서만 누리고자 할 때 나타나는 결과입니다. 그것은 사람들에게 큰 상처와 분노를 주기도 합니다. 흔히 한국에는 인종 차별은 없지만 사람 차별은 있다고 합니다. 단일민족인 까닭에 인종 차별은 없지만, 경제적인 수준의 차이로 사람을 차별한다는 것입니다. 미국의 경우는 조금 다릅니다. 다민족 사회인지라 사람은 차별하지 않지만, 백인 우월주의가 있어서 그 외의 인종들을 차별하는 것이 사실입니다. 저희가 거주했던 아프리카에도 인종 차별은 있었습니다. 흑인 우월주의 하에 아시아인과 같은 다른 인종을 차별했던 것입니다. 이렇듯 차별은 어디에나 있고, 누구나 경험하는 불의입니다.

　차별은 생각보다 훨씬 복잡하고 교묘하게 이루어집니다. 때때로 의식하지 못하는 사이에 일어나기 때문에 주의 깊은 이해와 해석을 필요로 합니다. 정확한 분별의 눈을 가지고 차별을 들여다보아야 하는 것입니다. 케냐의 경우, 합법적으로 거주하는 사람들과 일반 관광객들을 차별합니다. 관광객들은 호텔 사용료나 관광지 입장료를 두 배에서 네 배까지 더 지불해야 합니다. 길거리에서 파는 물건들도 가격이 다릅니다. 외국인들에게는 외국인의 가격이, 거주민들에게는 거주민의 가격이 따로 매겨집니다.

처음 케냐 길거리에서 물건을 구입했을 때를 잊을 수가 없습니다. 장사꾼들은 '좋은 가격'(good price)에 주겠다는 말을 입버릇처럼 달고 있었습니다. 무엇이 좋은 가격이냐고 묻자, 그들은 '거주민 가격'(resident price)으로 주겠다고 대답했습니다. 같은 물건이라도 사람에 따라 가격이 다르다는 것이었습니다. 처음에는 이런 거래법이 이해되지 않았지만, 시간이 흐르면서 더 이상 그것을 괘념치 않게 되었습니다.

이런 유의 차별은 애교에 불과했습니다. 저희가 경험했던 진짜 차별은 이민국에서 일어났습니다. 케냐는 거주 비자 받는 것이 무척 힘듭니다. 기간에 맞추어 이민국에서 요구하는 대로 필요한 서류를 제출해도 제때 비자를 받기가 어렵습니다. 게다가 비자 발급 과정이 얼마나 진행되었는지조차 제대로 확인할 수가 없었습니다. 그래도 아쉬운 쪽은 비자를 받아야 하는 쪽이기에, 저희는 수십 번도 더 이민국을 방문하여 도움을 청할 수밖에 없었습니다. 외국인으로서 이민국에 가는 것은 흔한 말로 '완전한 을'의 입장에 처하는 것입니다.

복잡한 나이로비의 교통 체증을 뚫고 가서, 긴 줄에 서서 오래도록 기다리는 일을 여러 번 반복해야만 했습니다. 아무리 기다려도 줄이 줄어들지 않는 경우도 허다했습니다. 줄을 서지 않고 슬그머니 창구 옆에 섰다가 자기 서류를 들이미는 사람들 때문이었습니다. 그런 자들보다 더 어이가 없었던 것은 이민국 직원들이었습니다. 그들은 그것을 아주 자연스럽게 받아들였습니다. 문화적으로 줄을 서는 것에 대한 이해가 다를 수는 있겠지만, 오랫동안 줄을 서서 기다리던 저희가 느끼는 것은 차별에 대한 억울함이었습니다. 쉽게 새치기를 하는 사람들과 그것을 크게 문제 삼지 않는 직원들의 행동이 저희에게는 불의로 비춰졌던 것입니다.

개인적인 경험을 정의와 차별의 예로 든 이유는, 그것이 사회의 구조뿐만 아니라 삶의 형성과도 중요한 관련이 있기 때문입니다. 차별은, 단순히 약자가 되는 기분 나쁜 경험을 넘어서서 그로 인한 깊은 상처와 분노로 왜곡된 정체성을 가지게 합니다. 사회적 약자들로 간주되는 사람들은 경제적으로 빈곤한 계층의 사람들과 외국인들입니다. 그들은 쉽게 상처를 받고 자신들에게 주어지는 부당한 대우에 대해서 다양한 방식으로 분노합니다. 그러나 시간이 지나면서 지속적으로 차별 받게 되면, 결국 그들은 차별을 무의식적으로 받아들이게 됩니다. 자신은 하찮은 존재이며, 그렇기 때문에 무시당하는 것이 당연하다고 여기는 것입니다.

차별 근절

약자와 이방인들에 대한 차별은 오랜 역사를 가지고 있습니다. 하나님은 이미 그들이 겪는 고충을 잘 알고 계셨습니다. 그래서 차별을 근절하기 위해서 일찍부터 안식일 법을 주셨던 것입니다. 구약의 안식은 하나님의 창조 원리에 따라 인간의 생활을 규정하는 방식들 가운데 하나였습니다. 안식일 법에 따르면 안식일에는 모든 일을 그치고 오직 하나님만을 즐거워해야 합니다. 이것은 엿새 동안 세상을 창조하시고 제 칠 일째 안식하셨던 하나님의 모범을 따르는 법이었습니다.

이와 같은 안식일 법은 하루하루 일해서 먹고 살아가는 사람들뿐만 아니라 노예를 부리던 부자들에게도 엄청난 도전이었습니다. 안식일 법의 적용 대상이 가족을 넘어서서 종과 짐승, 그리고 함께 거하는 이방인까지 포함하고 있었기 때문입니다. 하나님을 이 세상에 드러내는 안식은 모두에게 해당되는, 차별 없는 요청이고 은혜입니다. 안식을 통해서 누리는 하나님과의 깊은 연합과 교제에서 제외되는 사람은 아무도 없습니다. 심지어 함께 거하는 가축도 안식을 누리는 대상에 포함됩니다.

초대교회 공동체는 사회 주변부에서 살아가는 사람들에 대한 하나님의 마음을 잘 알고 있었습니다. 그들은 예수님의 가르침을 통해서 차별이 얼마나 하나님의 뜻에 반하는 것인지를 깊이 깨달아 알고 있었습니다. 예수님은 여자들에 대해서도 선을 긋지 않으셨습니다. 또한 아이들이 다가올 때는 그들을 안아 주셨고 그들과 같지 않으면 하나님 나라에 속할 수 없다고 가르치셨습니다. 나아가 병자들이나 사회적 약자들과 접촉하면 부정하게 된다는 당시의 종교적 관례를 깨뜨리시면서, 그들을 가까이하시고, 가르치시고, 치유하셨습니다.

제자들을 불러 모아 3년간 가르치실 때에도 학벌이나 가정의 배경에 따라서 선별하지 않으셨습니다. 말씀을 듣고자 찾아온 이들은 비록 수천 명이 넘어도 모두 먹이셨습니다. 특정한 부류에게만 음식을 제공하지 않으시고, 모두가 함께 먹고 남을 정도로 하나님의 사랑을 보여 주셨던 것입니다. 이러한 예수님의 실천적 가르침은 초대교회에서도 고스란히 드러났습니다.

초대교회는 예수님의 가르침을 따라, 먹고 마시는 일을 공동체의 활동으로 포함시켰습니다. 일정한 자격을 갖춰야 가입할 수 있었던 당시의 사회적 계층 모임과는 달리, 초대교회는 모든 사람들에게 조건 없이 열려 있었고, 모두가 차별 없이 음식을 나눌 수 있었습니다. 물론 세례를 받은 자들만 떡과 잔을 받을 수 있도록 한 것은 사실이지만, 세례는 특정한 자격을 위한 조건이 절대로 아니었습니다.

그것은 교회 공동체로 초청하신 하나님의 은혜에 대한 입문 과정이었습니다.

초대교회는 세례에 차별을 두지 않았습니다. 심지어 온전하지 못한 몸을 지닌 외국인에게도 세례를 베풀어서 하나님의 공동체에 참여시켰습니다. 사도행전 8장에 나오는 에디오피아 내시는 오늘날로 말하면 분명히 이방인이고 지체 부자유자입니다. 당시 유대교적 관점에서 보면 공동체에 들어오는 것이 불가능했던 사람이었습니다. 하지만 빌립은 그에게 세례를 주었습니다(행 8:38). 이것은 교회의 집사가 타국의 이방인에게, 그것도 장애인에게 하나님의 은혜의 방편인 세례를 베풀고 교회 공동체에 입문할 수 있도록 한 충격적인 사건이었습니다. 이러한 사건은, 교회 공동체에는 차별이 있어서는 안 되며, 나아가 의로움과 거룩함을 빌미로 차별을 정당화하는 것은 잘못된 일임을 가르쳐 줍니다.

교회사 속의 왜곡된 정의

초대교회는 차별 없는 성찬 경험을 통해서 정의가 무엇인지를 가르쳤습니다. 하지만 이런 가르침은 시간이 흐름에 따라 전혀 다른 방향으로 흘러갔습니다. 교회 공동체의 중심부에서 여성들이 밀려나면서 그들은 분병과 분잔에 능동적으로 참여할 수 없게 되었습니다. 어린 아이들 역시 비록 세례를 받았다 하더라도 성찬에서 제외되었습니다. 사회적 소수자들은 더 이상 기존 교회 공동체에 함께 소속되지 못했습니다.

교회 밖을 지배하고 있던 철저한 차별과 구별 짓기가 교회 안으로 침투해 들어오면서, 그리스도인들의 정의를 위한 실천과 참여는 매우 빈약하게 되어 버렸습니다. 물론, 정의와 관련된 교회의 역사적 현실에는 그 나름의 이유들이 있었을 것입니다. 그러나 그 어떤 이유로도 하나님이 정하신 차별 금지의 뜻을 왜곡시켜서는 안 됩니다.

특별히 중세 교회로부터 시작되고 강화된 어린 아이들에 대한 성찬 금지는 가장 왜곡된 차별의 역사로 남아 있습니다. 그들의 논리는 판단 연령(age of discretion)이 되기 전에 성찬을 받는 것은 바람직하지 않다는 것이었습니다. 애초에 판단 연령을 강조한 것은 성찬의 무분별한 남용을 막기 위한 정책의 일환이었습니다. 그러나 성찬에서 그보다 더 중요한 것은, 차별 없이 누릴 수 있는 하나님의 은혜를 경험하는 것입니다. 성찬은 인간의 기준과 자격에 의해서 주어진 것이 아니라 하나님의 은혜에 따라 주어진 것입니다.

초대교회는 세례와 성찬을 하나로 연결하여 실천했습니다. 성찬과 세례가 분리되지 않았던 것입니다. 그런데 중세 교회는 세례와 성찬을 분리시켰습니다. 그 결과 어린 아이들은 세례는 받을 수 있어도, 성찬에서는 제외되는 차별을 받게 되었습니다. 판단 연령이 되어 자신의 신앙을 고백한 후 성찬을 받게 하는 것은, 하나님의 언약과 은혜의 가르침과는 다른 것입니다. 그들의 논리를 따른다면 정신 지체가 있는 사람들의 경우에는 평생 판단 연령에 이르지 못하기 때문에 성찬을 전혀 받을 수 없게 됩니다. 그런데도 그들은 이런 약자들에 대한 고려와 배려에 대해서는 사실상 침묵하고 있습니다.

성찬과 관련한 차별의 가장 큰 상처는 남아프리카공화국에서 발생했습니다. 남아프리카공화국은 네덜란드 개혁주의 전통이 자리 잡은 곳이기도 합니다. 네덜란드가 그곳을 식민지화하면서 개혁주의를 이식했던 것입니다. 신앙심이 있었던 유럽인들이 아프리카를 침략한 후, 가장 먼저 실천했던 일은 예배였습니다. 처음에는 아프리카 그리스도인들과 함께 기도하고 찬양하고 말씀을 듣는 것에서 그들은 큰 불편함을 느끼지 못했습니다. 하지만 먹고 마시는 일은 달랐습니다. 막상 성찬을 실천하자, 문화적인 거부감과 불편함 때문에 인종이 다른 사람들과 함께 먹고 마시는 것을 꺼리게 되었습니다. 이론적으로는 하나님의 공동체로서 인종이나 신분과 상관없이 함께 예배하고 먹고 마시는 것이 마땅했지만, 실제로 그것을 행하는 데는 많은 어려움이 있었던 것입니다.

불편함을 참다못한 유럽 개혁주의자들은, 성찬식만큼은 따로 나누어서 하자고 제안했습니다. 그리고 교단은 문화 존중의 원칙을 내세워 그 제안을 받아들였습니다. 그러나 성찬식만 나누어서 한다는 결정은 시간이 지나면서 아프리카인들과 유럽인들로 하여금 서로 다른 장소에서 예배하게 만들어 버렸습니다. 결국, 성찬의 불편함을 문화적으로 접근하여 해결하려 했던 시도가 인종 차별을 암묵적으로 지지하는 결과를 초래했던 것입니다. 역사적으로 성찬과 관련한 문화적 도모(cultural accommodation)는, 서로 다른 민족과 인종에 대한 나눔과 분리, 그리고 긴장과 대립을 초래하는 결과를 가져왔을 뿐입니다.

기다림의 식탁

먹고 마시는 것과 관련한 차별의 문제에서 우리가 배울 수 있는 것은 이것입니다. 하나 됨, 곧 모두가 차별 없이 연합되는 것은 예수님으로부터 주어진 선물이자 지속적으로 추구해야 할 의무라는 것입니다. 우리의 과제는, 모두가 차별 없이 공동체의 연합에 참여할 수 있도록 예수님이 허락하시는 정의의 원리와 가르침을 실천하는 것입니다. 이러한 실천을 위해서 우리는 바울의 권면을 따라야 합니다. 그것은 '서로를 기다리는 것'(wait for each other)입니다(고전 11:33).

예수님이 제공해 주시는 음식은 우리 모두를 위한 것입니다. 그것은 각자의 개인적인 필요를 채워 주시는 것이라기보다 우리 모두에게 공평하게 베풀어 주시는 은혜의 초청입니다.

따라서 우리는 먹고 마시는 과정에서 함께 초청받은 이들을 기다릴 수 있어야 합니다. 기다리는 일은 다른 사람들이 찾아올 때까지 수동적으로 자리를 지키는 것 이상을 의미합니다. 그것은 어떤 이유로든 차별을 받아 그리스도의 초청에 다가오지 못하는 이들이 없도록 적극적으로 노력하는 것입니다.

그리스도의 사랑과 초청에 제한이 주어지지 않도록 차별의 장벽을 없애는 것은 절대로 쉬운 일이 아닙니다. 많은 노력들에도 불구하고 여전히 교회에 차별이 존재하는 것을 보면 알 수 있습니다. 교회 내의 여성들은 지위와 역할에 있어서 오랫동안 차별을 당해 왔고, 어린 아이들 역시 은혜의 성찬에 참여하는 것이 지속적으로 금지되었으며, 장애나 여타의 이유로 정상적인 신앙생활을 하지 못하는 이들에 대한 차별은 비일비재하게 일어나고 있습니다. 특정한 사역이나 부서에서 적극적으로 봉사하지 못하는 이들에 대한 무의식적 차별은 어제 오늘 일이 아닙니다. 이런 모습들이 서로를 기다리지 못하는 모습이라고 할 수 있습니다.

서로를 기다리는 일은 비단 교회 내부에서만 해야 할 실천은 아닙니다. 그것은 교회 공동체 밖에서도 필요로 하는 정의의 실천 과제입니다. 우리가 교회 공동체 안에서 예수님의 초청을 받아 떡과 잔을 나누는 혜택을 누릴 때, 그것을 전혀 모르거나 누리지 못하는 수많은 사람들이 공동체 밖에 있습니다. 그들에게 그리스도의 초청을 선명히 제시하고 증명하는 일은 정의를 실천하는 구체적 노력이라고 할 수 있습니다.

세상의 수많은 사람들이 그리스도의 사랑에서 제외되어 차별과 소외를 겪고 있습니다. 가난으로 굶주리는 이웃들, 태어나면서 부모로부터 버려진 아이들, 열악한 정치와 사회의 구조 속에서 주변으로 밀려나 절망하고 있는 노인들, 교육의 기회를 박탈당한 채 생존의 문턱에서 희망도 없이 근근이 살아가는 수많은 젊은이들이 있습니다. 이런 이들을 향한 구체적인 노력은, 그리스도가 허락하신 초청을 그들에게 전하면서 함께 성찬에 참여하기까지 기다리는 것입니다.

정의와 관련해서 기다림을 적극적으로 실천했던 사람들이 있습니다. 17세기의 퀘이커 교도들입니다. 그들은 노예 제도에 대항했고, 여성들의 인권 옹호에 적극적이었습니다. 또한 그들은 예배에서 정의 문제를 구체적으로 다루고 직접 실천했습니다. 오늘날의 교회들 역시 그리스도가 먹고 마시는 일을 통해서 보여 주신 정의의 가르침을 실천해야 합니다. 그러기 위해서 교회들은 사회적으로 억압 받고 소외되고 차별 받는 사람들을 향해 마음을 열고 다가서면서, 그들이 그리스도의 초청에 참여할 수 있도록 다각적으로 노력해야 할 것입니다.

정의의 식탁에서 먹고 마시기

다시 성찬 시간이 돌아왔습니다. 저희는 까만 손이 내미는 빵을 받았습니다. 알록달록 화려한 문양이 박힌 옷을 입은 케냐 여성이 서둘러 다음 사람에게로 향했습니다. 여성들에 대한 차별을 고집하던 교회에서 받았던 차별의 상처가 뻐근하게 아파왔습니다. 아픔이 느껴지는 순간 울컥 감사가 올라왔습니다. 그동안 아픈지도 모른 채 살아왔으니 말입니다. 아픈 상처가 케냐 교회 안에서 서서히 치유될 것이라는 확신이 들었습니다.

케냐 선교사로 불렸던 저희는 케냐에서 선교 사역을 하는 사람들이 아니었습니다. 선교하시는 하나님의 부름을 따라 하나님의 선교에 참여하기 위해 케냐에서 살아가는 사람들일 뿐이었습니다. 그렇기에 하나님은 저희를 통해 케냐를 선교하실 뿐만 아니라 동시에 케냐 안에서 저희를 선교하셨습니다. 저희는 케냐 지체들과 함께 빵과 잔을 나누면서 차별 없이 서로를 기다려 주는 법을 배웠습니다.

7장

성장의 식탁에서 먹고 마시기

성장의 식탁에서
읽는 말씀

여호와는 나의 목자시니 내게 부족함이 없으리로다
그가 나를 푸른 풀밭에 누이시며 쉴 만한 물가로 인도하시는도다
내 영혼을 소생시키시고
자기 이름을 위하여 의의 길로 인도하시는도다
내가 사망의 음침한 골짜기로 다닐지라도
해를 두려워하지 않을 것은 주께서 나와 함께 하심이라
주의 지팡이와 막대기가 나를 안위하시나이다
주께서 내 원수의 목전에서 내게 상(a table)을 차려 주시고
기름을 내 머리에 부으셨으니 내 잔이 넘치나이다
내 평생에 선하심과 인자하심이 반드시 나를 따르리니
내가 여호와의 집에 영원히 살리로다

시편 23:1-6

하나님은 저희 가정에 두 생명을 선물해 주셨습니다. 첫째 딸은 출산 예정일보다 2주 먼저 태어났습니다. 저녁에 아내의 양수가 갑작스럽게 터지는 바람에 급히 아이를 출산해야 했습니다. 처음 보았던 딸아이의 모습은 지금도 잊을 수가 없습니다. 아이 앞에서 저희는 기쁨을 넘어선 경이로움에 압도되었습니다.

둘째 아들을 가졌을 때 아내의 몸 상태는 좋지 않았습니다. 그래서 임신 기간 동안 두 명의 의사들을 만나야 했습니다. 의사들은 수술을 통해 아이를 낳을 것을 권고했습니다. 그리고 그 과정에서 저는 의사들과 함께 아이를 직접 받는 기회를 가질 수 있었습니다. 수술 방에서 핏기 어린 아기가 마침내 울음을 터트리는 순간, 말로는 표현할 수 없는 창조의 신비를 경험하였습니다. 그때 이후로 교회에서 영적인 '새 생명'을 얻기 위해 노력하는 것을 볼 때마다 그 일의 가치를 더욱 절감할 수 있게 되었습니다.

생명다움, 성장

믿음은 생명입니다. 그것은 단순히 새로운 지식을 터득하거나 의례를 통해 공동체에 새롭게 입문하는 것 이상의 의미입니다. 신앙을 갖는다는 것은 새로 태어나는 것이며, 신앙의 삶은 새로운 생명의 성장을 경험하는 것입니다. 아프리카의 그리스도인들은 새로운 생명을 얻은 기쁨을 직접적으로 표현합니다. 자신을 소개할 때마다 반드시 "나는 거듭난 생명입니다"(스와힐리어, nimeokoka; I am born again)라고 고백하는 것입니다.

처음 그런 고백을 들었을 때는 어리둥절했습니다. 왜냐하면 그리스도인이라는 말 자체가 '거듭난 자'라는 뜻이기에, 굳이 그런 고백을 할 필요가 없다고 생각했기 때문입니다. 그러나 시간이 흐르면서 그들이 거듭났다는 고백을 할 수밖에 없는 이유를 알게 되었습니다. 그들은 실제로는 거듭나지 않은 명목상의 그리스도인들과 자신을 구별하기 위해서, 그리고 자신의 거듭남을 자랑하기 위해서 그런 고백을 서슴없이 했던 것입니다.

생명은 아름답고 소중합니다. 그렇기 때문에 그것은 반드시 자라야 합니다. 그래야 생명의 존엄성이 지속적으로 유지될 수 있습니다. 생명의 가장 큰 특징은 유기적으로 자란다는 것입니다. 자녀를 양육하면서 겪는 어려움들은 대부분 그들이 성장하는 과정에서 비롯됩니다. 성장통(成長痛)이라는 말이 그래서 생겨난 것입니다. 이때 성장은 단순히 육체의 성장에만 국한되지 않습니다. 그것은 성품이 형성되고, 생각이 자라고, 관계가 확대되면서 전인적으로 자라가는 것을 뜻합니다.

아이가 초등학교에 입학할 나이가 되었는데도 여전히 영유아기의 모습을 지니고 있다면, 부모는 걱정하기 마련입니다. 나아가 아이가 중학교에 가야 할 때인데 학습 능력이 초등학교 3, 4학년 정도 수준이라면 부모는 더욱 근심을 하게 됩니다. 신앙적으로도 마찬가지입니다. 새로운 생명을 경이와 놀람 속에서 받아들인 다음에 할 일은, 생명의 성장을 경험하고 기뻐하는 것입니다. 이제 막 거듭난 사람이라면 자기 신앙을 자랑스럽게 소개할 수 있습니다. 하지만 5년이 지나고 10년이 지났는데도 늘 똑같이 새롭게 태어난 상태만 강조하는 것은, 상당히 문제가 있는 것입니다. 새로운 생명을 받았다면 반드시 성장할 수밖에 없습니다. 그러므로 시간의 흐름에 따른 믿음의 성장은, 자신과 공동체 모두가 인식할 수 있을 정도로 드러나야 합니다.

왜곡된 성장관(成長觀)

성장을 생각할 때 반드시 기억해야 할 것은 몸집을 불리는 것만이 성장은 아니라는 사실입니다. 성장을 크기와 규모로 제한시켜 측정하는 것은 실용주의적 방식일 뿐입니다. 안타까운 사실은 이와 같은 실용주의적 성장관이 경제와 교육계 전반을 아우르고 있으며, 나아가 교회에도 막대한 영향을 미치고 있다는 것입니다. 즉, 직원들의 관계 능력이나 일의 만족도는 무시한 채 매출 실적에 따라 사람을 평가하고 회사의 등급을 매깁니다. 학생들의 성품이나 개인적 특성은 무시한 채 학점에 따라서만 학생을 평가합니다. 교회는 출석 교인 숫자와 헌금 액수로 평가됩니다. 이러한 실용주의적 성장관은, 개별적인 사항에 대한 고려 없이 성장을 눈에 보이는 숫자로만 축소시키기 때문에 위험합니다.

특별히 교육 쪽에서는 교육 심리학 이론에 따라 학생들을 분류합니다. 즉, 연령에 맞는 보편적인 성장 기준을 정해 놓고 그것에 따라 학생을 평가하는 것입니다. 기준을 웃돌면 뛰어난 학생이고, 기준에 못 미치면 떨어지는 학생이라는 평가가 비일비재하게 일어납니다. 하지만 기발하고도 다채로운 솜씨를 가지신 창조주 하나님을 믿는 사람이라면, 발달이론에 근거해서 사람의 성장을 획일적으로 규정하고 평가하는 일에 쉽게 동의할 수 없을 것입니다. 평균적인 통계와 수치로 구축된 일괄적인 기준은, 사람을 존엄한 생명체가 아니라 해결해야 할 문제로 간주해 버리기 때문입니다.

영적 성장과 양분

성경은 성장에 대해서 분명하게 가르칩니다. 성경에서 말하는 성장은 단순히 커지는 것이 아니라 본연의 모습으로 지어져 가는 것입니다. 이것은 나약하고 단순한 상태에서 강하고 복잡한 상태로 끊임없이 변화되어 가는 발달이나 계발의 개념과는 다릅니다. 물론, 오랜 시간을 거쳐 좀 더 나은 모습을 드러낸다는 점에서는 크게 다르지 않게 보일 수도 있습니다. 그러나 일반적인 발달이나 계발과는 달리, 창조는 원래 지녀야 할 온전한 모습에 대한 비전이 먼저 주어집니다. 그것을 가리켜 철학적으로 '텔로스'(목적)라고 하는데, 텔로스는 하나님의 비전이나 계획 또는 완성된 그림을 뜻합니다.

그러므로 성경에서 말하는 성장이란, 명확한 목적을 향해서 각자가 변화하는 과정입니다. 예를 들면, 태초에 이루어진 하나님의 창조는 마침이라기보다는 시작이라고 할 수 있습니다. 즉, 태초의 모든 피조물들은 창조주의 원래 의도와 비전을 향해서 첫 걸음을 내딛기 시작한 것이었습니다. 또한 이스라엘 백성의 성장은 규모나 숫자를 불려 나가는 과정이 아니라 하나님의 공동체적 비전을 구체화시켜 가는 과정이었습니다. 그리고 초대교회의 성장은 그리스도가 터를 잡고 세우신 교회 본연의 모습을 이 땅에서 더욱 구체화해 가는 과정이었다고 할 수 있습니다.

식물이 자라기 위해서는 태양, 토양, 물 등 여러 가지 것들이 필요합니다. 성장하는 것들은 모두 마찬가지입니다. 창조 의도에 알맞게 균형적으로 계속 성장하기 위해서는 우리에게도 다양한 요소들이 필요합니다. 하나님의 말씀, 예배, 기도, 찬양, 훈련 등 여러 재료들이 두루 갖춰져야 하는 것입니다. 이런 재료들을 다룰 때 무엇보다 중요한 것은 균형입니다. 비록 좋은 말씀이 주어진다 하더라도 그것을 담아내는 예배와 기도가 제대로 이루어지지 않으면 잘 자라기 어렵습니다.

간혹 어떤 교회들은 말씀과 예배는 무시한 채, 특정한 프로그램을 마치 굉장한 성장촉진제처럼 사용하기도 합니다. 이것은 기계적인 원리를 유기적 성장에 잘못 적용하는 것이라고 할 수 있습니다.

생명의 성장은 기계적으로 결정되는 것이 결코 아닙니다. 제아무리 노력해도, 자라고 꽃을 피우고 열매를 맺는 것은 농부의 능력 밖의 일이기 때문입니다. 그러므로 특정한 프로그램을 맹신하는 태도는 바람직하지 못합니다. 물론 그것이 성장을 위한 여러 도구 중 하나가 될 수는 있습니다. 그러나 그것만으로는 전반적인 성장을 단연코 가져올 수 없습니다. 여러 다양한 도구들이 균형적으로 알맞게 제공될 때, 비로소 올바른 성장이 일어날 수 있는 것입니다.

양분은 균형 있는 성장에 필요한 것들 중 하나입니다. 태양과 수분과 더불어 적절한 양분이 제공되면 생명은 더 잘 자라기 마련입니다. 그리스도인들도 마찬가지입니다. 우리가 자라는 데에도 신앙의 양분은 반드시 필요합니다. 성경에는 양분을 섭취하는 행위들이 등장합니다. 그중에서도 광야에서 하나님이 이스라엘 백성에게 만나와 메추라기를 주셨던 것과 예수님이 자신을 따르는 자들에게 음식을 제공하신 일화는 유명합니다.

광야에서 경험한 만나와 메추라기는 하나님이 제공해 주시는 일용할 양식이자 삶에 반드시 필요한 양분이었습니다. 제자들과, 함께 모인 사람들이 경험한 떡과 물고기 또한 생명에 꼭 필요한 양분이었습니다. 그리고 제자들이 예수님과 함께 먹고 마셨던 떡과 포도주 역시 그들에게 필요했던 기본적인 양분이었습니다. 나아가, 비록 초대교회에서 나눈 음식들의 구체적인 종류를 확실히 알 수는 없지만, 건강을 위해 모두에게 필요한 양분을 제공해 주는 음식이었음에는 틀림이 없습니다.

양분 섭취에서 중요한 것은 균형입니다. 특정한 것을 지나치게 많이 섭취하거나 반대로 전혀 섭취하지 않으면 위험에 빠지게 됩니다. 처음에는 결핍이나 과잉섭취가 선명히 드러나지 않지만, 시간이 흐르면서 양분 섭취의 불균형은 건강에 심각한 영향을 미칩니다. 예수님은 균형 있는 양분 섭취의 필요성을 몸소 가르쳐 주셨습니다. 영양 결핍이나 영양 과다에 빠지지 않도록 하셨던 것입니다.

그분이 사람들과 나눈 음식은 일상의 음식이었습니다. 반복적으로 먹는 일상의 음식은 기본적인 건강과 생명을 유지하는 데 충분한 음식입니다. 여기서 특별히 주목해야 할 것이 있습니다. 예수님이 음식을 사람들과 나누실 때,

수동적으로 음식을 제공받지 않으셨다는 사실입니다. 오히려 그와 반대로, 예수님은 적극적으로 음식을 제공하셨습니다. 즉, 제자들이 원하는 음식이 아니라 그들에게 꼭 필요한 양분을 공급해 주셨다는 말입니다.

그런데 사람들은 신앙 성장을 위한 균형 잡힌 양분 섭취를 쉽게 받아들이지 못합니다. 이스라엘 백성은 기적으로 받은 만나와 메추라기에 곧 싫증을 냈고, 고린도교회의 부자들은 자신들이 준비한 고급 음식들을 더 선호했습니다. 어린 아이일수록 건강보다는 자기 입맛에 맞는 음식을 더 선호합니다. 그런데 입에 좋은 음식들 중 몸에 좋은 것은 별로 없습니다. 그러므로 입맛에 맞는 음식만을 골라서 먹다가는 영양의 불균형을 초래하기 쉽습니다. 이런 연유로 억지로라도 먹어야 하는 것이 있습니다.

성경은 영적 성장을 위한 양분의 창고입니다. 아버지 하나님은 자녀들의 영적 성장을 위해서 필요한 양분을 말씀을 통해 제공해 주십니다. 시편은 주님의 말씀을 먹는 음식에 빗대어 표현하고 있습니다. "주의 말씀의 맛이 내게 어찌 그리 단지요 내 입에 꿀보다 더 다니이다"(시 119:103).

이 표현은 자기 스스로 선택해서 받아들인 하나님의 말씀이 꿀처럼 달고 맛있다는 표현이 아닙니다. 주님이 주시는 모든 말씀이 완벽한 단맛을 가진 꿀과 같다는 말입니다. 이것은 사람이 입맛대로 영적 음식을 선택할 수 없다는 뜻이기도 합니다. 우리의 영적 양분은 오직 주님만이 말씀을 통해 주도적으로 제공해 주신다는 것입니다.

영양사 하나님

우리는 영적인 양식을 선택할 수 없습니다. 양식의 선택권은 오직 하나님께 있습니다. 주님이 성경 말씀 전체를 통해서 우리에게 필요한 말씀을 양식으로 내어 주시는 것입니다. 우리는 다만 그 말씀을 받아들이기만 하면 됩니다. 성경 중 자신이 원하는 특정 부분이나 내용만을 선별해서 받아들이는 것은 편식을 하는 것과 같습니다. 특정한 음식만 고집하여 먹다 보면 영양의 불균형을 가져오기 마련입니다. 영양의 불균형은 건강에 나쁜 영향을 미치고, 결국 영양 결핍을 가져오게 됩니다.

많은 사람들이 특별히 선호하는 성경 말씀은 승리와 환호가 가득한 기쁨과 감격의 본문들입니다. 이런 내용들이 분명 영적 양분은 될 수 있지만, 성경으로부터 제공받을 수 있는 양분은 그것만이 아닙니다. 성경은 말로 다 표현할 수 없을 정도의 넓이와 깊이와 다양성과 심오함을 가지고 있습니다. 그 속에는 승리와 환호, 위로와 격려도 있지만 고통과 슬픔, 애통과 탄식도 많이 담겨져 있습니다.

특히 시편 기도문의 대부분은 탄식 기도들입니다. 성경의 시편은 우리의 영적 건강을 위해서 하나님이 허락하신 특별한 양분입니다. 그런데 애석하게도 이러한 시편을 공동체가 함께 읽거나 기도하는 일이 점점 줄어들고 있습니다. 물론, 시편으로 기도하는 경우가 있긴 하지만, 유독 탄식의 시편은 일부만 간추려지거나 의도적으로 제외될 때가 많습니다. 한국 교회에서 사용하고 있는 교독문들을 보면, 탄식의 시편들은 거의 다 빠져 있다는 사실을 알 수 있습니다.

탄식의 시편들은 현실에서 경험할 수 있는 삶의 아픔과

상처를 구체적으로 하나님과 연결시키는 방법을 보여 줍니다. 그렇기 때문에 탄식의 시편들을 등한시하면, 현실의 극악한 상처와 고통을 하나님과 연결시키지 못해서 신앙의 방향을 상실할 수도 있습니다. 그리고 고통과 슬픔은 피상적으로 다루면서 하나님의 구원만 재빨리 구하는 성급함과 조급함에 빠져 버리게 됩니다. 삶의 어두움을 경험할 때 그것이 지니는 신앙의 의미가 무엇인지, 하나님의 부재가 자신의 삶을 어떻게 형성하는지 등을 고민하고 깨닫는 것은 건강한 신앙생활을 위해 반드시 필요한 영양분입니다. 그러므로 고통과 슬픔, 탄식과 애통을 노래하는 성경 본문들은 반드시 다뤄져야 하고, 기필코 섭취되어야 하는 영적 양분입니다.

이밖에 신앙 성장의 불균형을 초래하는 요인으로는, 지혜서나 서신서 가운데 짧은 구절들을 택해서 그것만 붙들고 삶에 연결시키는 것입니다. 또한 성경이 원래 의도했던 메시지를 무시한 채, 현재 자신의 문제를 중심으로 성경을 임의로 이용하는 것입니다. 이런 현상들은 설교에서도 종종 나타납니다. 설교의 중심은 성경 말씀, 곧 하나님의 이야기입니다. 하나님의 이야기를 중심으로 인간의 이야기를 엮어 내는 것이 바로 설교입니다.

그런데 설교들 중 상당수는 하나님의 이야기가 아니라 인간의 이야기를 중심에 놓습니다. 즉, 인간의 삶에서 제기된 문제나 주제를 먼저 정해 놓고, 그것을 해결하는 방법으로 적절한 성경의 내용과 구절들을 근거 삼아 설교하는 것입니다. 이렇게 하면, 성경이 그 어떤 말보다 권위 있는 하나님의 말씀이 아니라, 설교자의 이야기를 뒷받침해 주는 한낱 근거로 전락하게 됩니다.

인간의 이야기를 중심에 두는 설교자는 마치 자녀가 원하는 음식만을 제공하는 무책임한 부모와 같습니다. 어린 자녀들이 원하는 음식은 사탕이나 탄산음료처럼 과하게 공급되면 안 되는 것들이 대부분입니다. 그러므로 자녀를 사랑하는 부모라면 건강한 성장을 위해 자녀가 원하는 것보다는 그들에게 꼭 필요한 양분을 먹이려고 할 것입니다. 어린 시절에는 영양 결핍이 선명히 나타나지 않습니다. 그러나 성장하는 중에 특정한 영양분이 지속적으로 결핍될 경우에는 절대로 건강하게 자랄 수 없습니다. 그래서 부모는 식탁에서 먹지 않겠다고 떼쓰는 자녀들을 달래기도 하고 혼도 내면서, 영양가 있는 음식을 기어이 먹이고야 마는 것입니다.

예수님도 음식에 대한 선택권을 제자들에게 주지 않으셨습니다. 그분은 제자들이 무엇을 먹고 마셔야 하는지를 이미 알고 계셨고, 그것을 제공하셨습니다. 구약에서 목자가 자기 양의 필요를 알고 돌보셨던 것처럼 예수님도 동일하게 행하셨던 것입니다. 역사적으로 기독교는 성찬을 예수님의 급식(feeding) 사역으로 이해해 왔습니다. 그리고 신앙에 있어서 그리스도의 영적 급식(spiritual feeding)이 얼마나 중요하고 필요한지를 확신하고 실천해 왔습니다. 성찬은 그리스도를 따르는 이들을 향한 하나님의 영적 공급 방식입니다. 그리스도가 준비하신 식탁으로 제자들을 초대해서 음식을 나누어 주시는 사역은 지금도 지속되고 있는 것입니다.

성장의 식탁에서 먹고 마시기

안타깝게도 많은 사람들이 영적 영양 결핍을 앓고 있습니다. 하나님 안에서 균형 있게 자라지 못하고 몸집만 비대해졌는가 하면, 말씀에 대한 편식으로 원하는 부분만 섭취하여 영양실조에 빠져 있는 경우가 허다합니다. 그러므로 교회 공동체가 떡과 잔을 나눌 때 우리는 의도적으로 주도권을 하나님께 드려야만 합니다. 그분이 주도하시는 양육에 우리를 맡겨야 합니다. 비록 입맛에 맞지 않고, 불편하고, 껄끄러울지라도 하나님이 주도하시는 성찬, 말씀, 그리고 찬양을 포함한 기도 훈련을 해야 하는 것입니다. 그런 것들을 통해서 균형 있게 자라게 하시는 하나님을 믿고 신뢰해야 합니다.

어느새 아이들은 많이 자랐습니다. 저희가 한 일이라고는 단지 먹이고 입힌 것뿐인데, 무럭무럭 자라나는 아이들을 볼 때마다 성장케 하시는 하나님의 능력이 새삼스러워 감사하게 됩니다. 그러나 감사 뒤에서는 골머리를 앓기도 합니다. 아이들의 건강한 성장을 위해서 그들이 원하는 것과 그들에게 필요한 것을 구별해야 하기 때문입니다. 나아가 원하는 것보다는 필요한 것을 주기 위해서 그들을 설득해야 하는 까닭입니다. 이런 과정은 지난합니다. 하지만 부모이기에 포기할 수 없는 노릇입니다.

  그렇게 저희는 오늘도 자녀들과 씨름을 합니다. 날마다 함께 먹고 마시면서 그들의 잘못된 뜻을 꺾기도 하고, 의기소침해져 있는 그들을 위로하고 격려도 합니다. 창조주 하나님의 미션을 따라 그들이 건강하고 균형 있게 자랄 수 있도록 돕는 중입니다.

8장

참된 복음의 식탁에서 먹고 마시기

참된 복음의 식탁에서
읽는 말씀

형제들아 내가 너희에게 전한 복음을
너희에게 알게 하노니
이는 너희가 받은 것이요 또 그 가운데 선 것이라
고린도전서 15:1

다른 복음은 없나니
다만 어떤 사람들이 너희를 교란하여
그리스도의 복음을 변하게 하려 함이라
갈라디아서 1:7

"아빠는 진짜 그리스도인이야? 엄마는?"

초등학생 아들 녀석의 뜬금없는 질문에 적잖이 당황했습니다. 그러나 그 질문에 냉큼 대답을 하고 싶은 까닭에, 당황스러움은 잠시 밀어 둔 채 일단 답을 했습니다.

"당연하지!"

"그렇지? 엄마, 아빠는 진짜 그리스도인이지? 사실, 나도 그래."

그런 질문을 해 주는 아들이 고맙게 느껴졌습니다. 아프리카에서 선교사로 살아가고 있는 저희 부부에게 감히 그런 질문을 던질 사람이 아들 외에 누가 있을까 싶었기 때문입니다. 그러다 문득 궁금해졌습니다. 아들이 생각하는 진짜 그리스도인의 정체는 무엇인지 말입니다.

복음의 의미

그리스도인을 그리스도인답게 만드는 것은 복음입니다. 그리스도인은 복음에 의해서, 복음을 위해 살아가는, 복음의 사람입니다. 그런데 아이러니하게도 복음이 무엇이냐는 질문에 선뜻 대답할 수 있는 그리스도인들은 그리 많지 않습니다. 이것은 복음의 의미가 그만큼 넓고도 깊다는 것을 반증합니다. 그런 점에서 복음이 무엇인지에 대해 간결하게 답변하려는 시도는 일면 위험할 수 있습니다. 복음을 지나치게 축소하거나 제한시킬 수 있기 때문입니다. 그럼에도 불구하고 그리스도인이라면 복음이 무엇인지에 대해 정확히 이해하고 있어야 합니다.

신약성경에서 복음은 예수님과 함께 출현합니다. 그것은 예수님과 초대교회 사역과 가르침의 핵심입니다. 예수님의 사역은 천국 복음을 전파하시는 일(마 4:23, 9:35, 11:5, 24:14; 막 1:14; 눅 4:18, 4:43, 8:1, 9:6)에 집중되어 있었습니다. 이후 초대교회 역시 예수님이 실천하셨던 복음 사역을 지속적으로 발전시켰습니다(행 8:4, 8:40, 10:36, 14:15, 14:21). 초대교회의 대표적 인물인 바울의 경우, 예수님의 복음을 전하는 것에 모든 사역을 집중했습니다(행 20:24). 또한 자신을 향한 하나님의 부르심이 곧 복음을 위한 부르심이라고 표현했습니다(롬 1:1; 고전 1:17). 나아가 바울은 자신의 삶이 복음에 참여하는 삶이라고 했습니다(고전 9:23). 이것은 지금도 동일하게 적용할 수 있습니다. 즉, 오늘날의 그리스도인들 역시 예수님의 가르침과 초대교회의 전통을 이어 받아 복음을 위해서 살아가는 것입니다. 조금 더 정확히 표현하자면 복음에 참여하면서 살아가는 것입니다.

복음 분별하기

복음과 함께 살아가기 위해서 절대 간과해서는 안 되는 것이 있습니다. 모든 복음이 바른 복음은 아니라는 것입니다. 바울은 갈라디아 교인들에게 보낸 편지에서 다른 복음(different gospel)을 경계하라고 강하게 경고했습니다. 그는 많은 사람들이 다른 복음을 따르고(갈 1:6), 그리스도의 복음을 변질시키며, 그리스도인들을 교란시키고 있다고 지적했습니다(7절). 또한 변질된 복음은 참된 복음이 아니며, 그런 복음을 전하는 자들에게는 저주가 주어질 것이라고 경고했습니다(8, 9절).

이것은 지금의 상황에도 적실한 경고입니다. 그리스도인들의 주요 관심은 복음을 전하면서 복음을 위해 사는 것입니다. 그런데 복음의 열정보다 더 중요한 것은 그 복음이 바른 것이냐의 여부입니다. 생명을 건 복음에 대한 진위 확인 없이 그것에 대한 열정만 강조하는 것은 극도로 위험한 일입니다. 그러므로 자신이 따르고 있는 복음이 바른지 아닌지를 정확하게 분별하는 것은 매우 중요합니다.

초대교회 당시에는 진짜를 압도할 만한 가짜 복음들이 여럿 있었습니다. 그중 하나가 영지주의(Gnosticism)입니다. 영지주의는 다양한 형태로 드러났지만, 본질은 '영지주의'라는 말의 뜻 그대로 비밀스런 지식을 깨달음으로써 복음을 경험할 수 있다는 것이었습니다. 영지주의자들은 영적인 것과 물질적인 것을 구분하고 구원의 영역을 영적인 것으로 제한시켰습니다. 현실에 있는 물질의 세계는 구원과는 전혀 상관없는 더럽고 낮은 것으로 간주했기 때문에, 육체적으로는 어떻게 살아도 문제될 것이 없다는 윤리적 쾌락주의에 빠지기도 했습니다.

또한 영지주의자들은 보통 사람들이 쉽게 깨닫지 못하는 영적인 지식을 알고 신비를 경험할 때 구원에 이를 수 있다고 생각했습니다. 이것은 신앙 엘리트주의를 낳았습니다. 이렇듯 영지주의는, 현실을 신앙의 영역에서 내쫓아 버렸습니다.

그런데 영지주의는 단지 과거에만 존재하는 것이 아닙니다. 오늘날에도 영지주의는 버젓이 활동하고 있습니다. 비록 대놓고 영지주의를 표방하지는 않지만, 영적인 측면만 구원과 연결시켜 신비한 경험을 강조하는 경우를 심심찮게 볼 수 있습니다. 사회와 문화 속에서 하나님 나라를 구현하려는 노력보다는 교회 공동체 모임과 이른바 영적인 프로그램들에만 집중하거나 몰입하는 것은 일종의 영지주의 잔해들입니다.

성경에서 가르치는 복음은 영지주의와는 완전히 다릅니다. 현실과 물질세계를 포괄적이고도 구체적으로 하나님의 신비와 연결시킵니다. 성경은 영적인 것이 물질적인 것과 대립되거나 혹은 전혀 다른 영역이라고 간주하지 않습니다. 오히려 성령 하나님이 현실 세계에 구체적으로 임하신다고 말합니다. 하나님의 창조는 모든 물질세계를 포함합니다. 비록 타락의 결과로 왜곡된 문화와 삶의 가치들이 세상에 만연하지만, 그렇다고 하나님이 세상을 포기하시지는 않습니다. 그 확실한 증거가 바로 예수 그리스도이십니다. 하나님은 세상을 포기하시는 대신 구원하시기 위해서 예수님을 이 세상에 보내셨습니다.

이 땅에 오신 예수님은 인간의 영혼만 구원하신 것이 아닙니다. 세상과 인간의 삶 전체를 회복시키셨습니다. 특히 예수님이 선포하신 복음은 사람들을 이 땅에서의 삶과는 전혀 다른 신비스러운 세계로 이끌기 위한 것이 아니었습니다. 그것은 삶을 돌이키라는 회개와 믿음의 요청이었고, 지속적으로 그리스도를 따르는 일상의 삶을 요구하는 것이었습니다. 마가복음은 복음 사역의 핵심이 회개와 믿음과 따름의 과정이라는 것을 선명히 보여 줍니다(막 1:14-20). 회개는 현실의 삶을 떠나는 것이 아니라 방향을 돌이키는 것입니다. 믿음은 단순히 신비스러운 지식을 터득하는 것이 아니라 전인격적으로 의존하는 반응입니다. 그리고 따름은 그리스도의 모습을 일상의 삶에 반영하며 실천하는 과정입니다.

예수님의 복음은 바울로부터 좀 더 구체적으로 들을 수 있습니다. 바울은 고린도전서 15장에서 복음이 무엇인지를 구체적으로 이야기했습니다. 그는 복음으로 인해서 구원을 얻게 되는데(2절), 그것은 자신이 새롭게 개발한 것이 아니라 이미 전해져 오는 것을 전달하는 것이라고 강조합니다(3절). 그가 전수받은 복음의 핵심은 그리스도가 고난을 통해 죽으시고(3절), 완전히 장사되었다가 사흘 만에 다시 살아나신 것(4절)입니다.

그 후 부활하신 그리스도는 자신을 따르던 제자들과 수백 명의 형제들, 그리고 바울을 비롯한 수많은 사람들에게 부활의 실체로 나타나 임하셨습니다(6-8절). 고린도교회를 비롯한 초대교회 교인들은 바로 그 임재를 경험하였고, 역사를 따라 오늘날에 이르기까지 경험되고 있습니다. 즉, 그리스도는 막연하고도 신비스럽게 나타나신 것이 아니라, 역사적으로 분명하게 고난과 죽음을 거쳐 부활로 나타나신 것입니다. 이와 같은 예수님의 복음은 단순한 정보나 교리가 아닙니다. 그러므로 복음은 필요한 정보를 수집하거나 지식을 얻는 것과는 전혀 다른 것입니다. 그리스도의 복음은 단순한 지식을 넘어서서 자신의 전부를 복음에 참여시키도록 요구합니다.

복음과 성찬

복음을 구체적으로 경험하는 데에 성찬만한 것은 없습니다. 이것은 교회가 새롭게 개발하거나 고안한 방식이 아닙니다. 복음의 메신저이시자 동시에 그 자신이 복음이신 예수님이 직접 정하신 방식입니다. 예수님은 직접 성찬의 모범을 보이셨으며, 지속적으로 실천할 것을 당부하셨습니다. 초대교회가 복음을 경험하는 한 방식으로 성찬을 선택하여 예배의 핵심에 둔 것은 결코 우연이 아닙니다. 초대교회는 새로운 방법과 형식을 고안할 수도 있었지만, 예수님이 명령하신 성찬을 의도적으로 선택하여 실천했던 것입니다.

바울은 성찬을 예수님의 복음 제시 방식이라고 확신했습니다. 그래서 고린도 교인들을 향해 성찬을 올바로 실천하라고 가르쳤던 것입니다. 초대교회의 성찬은 예수님의 고난과 죽음, 그리고 부활이라는 복음의 내용을 재현하는 의식이었습니다. 이때 먹고 마시는 행위는 그리스도가 생명을 주시는 행위였습니다. 이후 모든 교회들은, 생명을 주시는 그리스도를 성찬을 통해서 지속적으로 경험하게 되었습니다. 성찬은 생명을 주시는 그리스도의 복음에 참여하는 가장 중심적인 의식으로 자리 잡게 되었던 것입니다.

예수님은 떡을 나눌 때 특정한 방식을 취하라고 가르치셨습니다. 그것은 성찬 제정사로 알려진 것입니다. 예수님은 십자가를 지시기 전에 떡을 가지고, 축사하시고, 떼어, 나누신 후에, 앞으로도 지속적으로 이와 같이 떡을 나누라고 말씀하셨습니다. 그래서 교회 공동체는 떡을 나누는 구체적인 행위를 통해서 생명을 주시는 복음, 곧 그리스도의 삶을 재현하며 구체화합니다.

즉, 함께 떡을 나눌 때마다 그리스도인들은 희생 제물로 드려진 그리스도인의 몸을 떼어 받으면서 그 사랑을 경험하는 것입니다. 이것은 그리스도의 사랑과 희생을 귀로 듣고, 머리로 이해하고, 감정으로 느끼는 것 이상입니다. 떡을 눈으로 보고, 직접 만지고, 쪼개고, 입에 넣어 씹어 맛보고 소화시키는, 모든 감각의 행위들을 통해서 복음의 내용을 받아들이고 참여하는 것입니다. 이와 같이 먹고 마시는 성찬의 행위는, 생명을 가져다주는 그리스도의 희생과 죽음과 부활의 복음을 받아들이는 가장 구체적인 실천입니다.

복음의 두 바퀴, 말씀과 성찬

전통적으로 기독교 예배는 말씀과 성찬(the Word and the Table)으로 구성되었습니다. 예배가 말씀과 성찬으로 구조화되었던 이유는, 복음을 드러내고 경험하게 하기 위해서였습니다. 말씀으로 복음을 선포한 뒤, 성찬으로 복음을 구체적으로 경험하도록 했던 것입니다. 특별히 초대교회에서 주일 오전에 읽고 나눈 말씀은 복음서였습니다. 이것을 이어 받은 사람들은 종교개혁의 전통에 있었던 이들이었습니다. 그들은 초대교회의 모범을 따라 주일 예배 때에는 복음서를 읽고 선포하는 일에 힘썼습니다.

그런데 초대교회는 말씀과 성찬을 분리할 수 없는 하나로 연결시켜 함께 실천했습니다. 즉 말씀과 성찬을 서로 다른 독립된 것이 아니라 연결되어 복음을 드러내는 하나의 것으로 간주했습니다. 말씀으로 복음을 전하는 일만 필수로 여기고, 그것을 재현하는 성찬은 선택 사항으로 여기지 않았던 것입니다.

이와 같은 연결은 고린도교회의 실천에서도 엿볼 수 있습니다. 고린도전서 11장부터 14장은 한 공동체가 실천했던 예배의 측면을 보여 줍니다. 11장은 예배 행위로서의 성찬을 다루고 있습니다. 이어서 12장과 13장은 은사와 사랑을 통한 예배 공동체의 연합을 언급하고 있으며, 14장은 성찬 이후의 대화와 나눔 행위를 다루고 있습니다. 14장에서 언급된 공동체의 다양한 대화 방식들은 이후에 설교와 간증으로 발전했습니다. 신약을 연구하는 학자들은 초대교회 공동체가 실천했던 예배의 구성을 식사와 식사 이후의 대화로 보고 있습니다. 즉, 초대교회의 예배 구조는 성찬과 말씀이었던 것입니다. 그런데 이것은 오늘날의 예배와는 순서가 다릅니다. 오늘날 예배는 말씀 다음에 성찬이 진행되고 있지만, 초대교회 당시에는 성찬 다음에 말씀 선포가 진행되었던 것입니다.

전통적으로 교회는 말씀을 먼저 선포하고 성찬은 말씀 이후의 의식으로 실천해 왔습니다. 그러나 그것이 원래의 규범이라고 보기는 어렵습니다. 초대교회, 특별히 고린도 교회는 성찬을 먼저 실천한 후에 말씀을 선포하고 나누었던 것입니다.

저희가 사역했던 아프리카 케냐의 교회들 중에는 말씀 다음에 성찬이 아니라, 성찬 다음에 말씀을 실천하는 교회들이 많았습니다. 처음에는 이러한 순서가 저희를 무척 혼란스럽게 만들었습니다. 저희의 고정된 신학적 이해(말씀 다음에 성찬이라는 신학적 이해)와 충돌했기 때문이었습니다. 그러나 머지않아 고린도전서의 내용(성찬 다음에 말씀)을 근거로 그것을 수용할 수 있게 되었습니다. 그리고 나아가 무엇이 더 옳은 실천인지를 곱씹어 볼 수 있게 되었습니다. 그것은 상황과 공동체의 특성에 따라 달라질 수 있을 것입니다. 그러나 한 가지 분명한 사실은, 말씀과 성찬은 순서와 상관없이 복음을 선포하는 데 있어서 반드시 연결되어 있다는 것입니다.

초대교회는 성찬을 먹고 마실 때마다 복음을 기억하고 되새겼습니다. 예수님의 고통과 죽음, 그리고 부활이 들려주는 생명의 메시지를 먹고 마셨던 것입니다. 초대교회 공동체는 성찬을 나눌 때마다 부활하신 주님을 지속적으로 경험하기를 기대했습니다. 부활의 아침, 엠마오를 향해 가던 제자들은 그리스도와 동행했음에도 불구하고 그분을 알아보지(recognizing) 못했습니다. 하지만 부활하신 예수님이 '떡을 가지사 축사하시고 떼어'(눅 24:30) 그들에게 주어서 먹게 하시자, 제자들의 눈은 밝아졌고 비로소 그분이 그리스도인 줄 알아보게 되었습니다(recognized).

초대교회 공동체가 실천했던 먹고 마시는 행위는 바로 이와 같은 제자들의 경험을 지속하기 위한 것이었습니다. 그리스도를 알아보지 못했던 이들이, 부활하신 그리스도를 성찬을 통해서 분명히 알아보게 되는 것이었습니다. 생명을 가져다주시는 그리스도를 알아보는 것만큼 신앙에서 중요한 경험은 없습니다. 그런데 이러한 경험은 인위적으로 이끌어 낼 수 있는 것이 아닙니다. 다만 함께 먹고 마시는 과정에서 신비스럽게 경험할 수 있을 뿐입니다. 초대교회는 이러한 경험을 신비(mystery)로 받아들였습니다. 그런 점에서 성찬의 또 다른 이름이 신비(the mystery)인 것은 전혀 이상할 것이 없습니다.

참된 복음의 식탁

성찬을 통해서 우리가 경험하는 가장 중요한 것은 그리스도입니다. 그리스도가 바로 복음의 핵심이기 때문입니다. 우리는 성찬을 통해서 그리스도의 임재를 받아들이고, 그분을 새롭게 알아보는 경험을 하게 됩니다. 성찬은 단순히 그리스도의 죽음을 슬퍼하거나, 우리를 위한 희생에 감사하는 행위를 넘어섭니다. 그것은 우리 삶의 모든 측면을 그리스도의 신비스러운 임재(고난과 죽음과 부활)와 연결시켜 줍니다. 공동체가 함께 모여 먹고 마시면서 기억하는 그리스도의 죽음과 부활은, 우리 삶의 모든 영역에 강력한 메시지가 되는 것입니다. 우리의 삶은 획일적이지 않습니다. 슬픔의 반복이거나 기쁨의 지속일 수가 없습니다. 캄캄한 슬픔과 좌절, 어두운 고통과 죽음도 있지만, 태양처럼 밝게 솟아오르는 빛과 부활, 그리고 기쁨과 환희가 한데 섞여 있습니다. 복음은 먹고 마시는 과정을 통해서 이러한 삶의 다양성과 엮이고, 기어이 생명을 주시는 그리스도를 높이 경배하게 합니다.

그리스도의 죽음과 부활의 복음을 우리의 구체적인 삶과 연결하는 일은 쉽지 않습니다. 특별히 예측하지 못한 삶의 비극이 닥쳤을 때, 그것을 복음과 연결시키는 일은 더욱 어렵습니다. 2013년 9월말, 케냐의 한 대형 쇼핑몰에서 충격적인 테러가 발생했습니다. 토요일 오후에 일어난 일이었기에 더 많은 사람들이 희생되었습니다. 사건이 터진 다음 날 아침, 저희 가족은 침통한 마음으로 주일 예배에 참여했습니다. 그런데 예배 인도자와 기도자의 말과 기도를 들으면서 저희는 놀라지 않을 수 없었습니다. 그들은 하나같이 '그럼에도 불구하고 하나님은 신실하십니다!'라고 고백했습니다. 저희가 놀랐던 것은, 참극 속에서도 하나님의 신실하심은 변함없다는, 수준 높은 신앙고백 때문이 아니었습니다. 극한 비극 앞에서 하나님을 향한 탄식과 절규도 없이, 곧바로 하나님의 신실하심을 선포하고 고백하는 성급함에 놀랐던 것입니다.

그리스도의 복음은 고난과 아픔, 그리고 죽음을 포함합니다. 우리의 삶은 아픔과 슬픔에서 기쁨과 행복으로 재빨리 옮겨 가는 과정이 아닙니다. 그리스도인의 목적이 행복은 아니기 때문입니다. 그러므로 삶의 현실이 고난과 고통일 때, 우리는 섣불리 죽음 없는 부활을 외쳐서는 안 됩니다. 오히려 하나님을 향해 탄식하는 것이 바람직합니다. 그리스도가 보여 주신 복음은 고난과 죽음을 통과하는 것입니다. 성찬에서 하나의 빵을 쪼개는 것은 그리스도의 몸의 쪼개짐, 곧 고통과 고난을 보여 주는 행위입니다. 복음은 슬픔과 아픔을 하나님의 저주로만 간주하지 않습니다. 오히려 고통스러운 삶의 상황에서도 그리스도의 임재를 확신하며 참고 견디는 능력을 제공해 줍니다. 이와 같이 먹고 마시는 공동체의 행위는 주님의 죽으심과 부활을 같이 선포하는 행위입니다.

참된 복음의 식탁에서 먹고 마시기

저녁 식탁을 사이에 두고 아들에게 물었습니다. 진짜 그리스도인이 무슨 뜻인지 아느냐고. 밥을 오물거리고 있던 아이의 입이 어렵지 않게 열렸습니다.

"하나님과 영원히 함께 사는 사람! 그런데 외할아버지도 진짜 그리스도인이지?"

오랜 투병 생활 끝에 돌아가신 외할아버지가 마음에 걸렸던 모양이었습니다. 아이는 가끔씩 할아버지와 가족들이 진짜 그리스도인인지 묻고 또 물었습니다. 그렇게 아이는 죽음이 끝이 아니라 영생의 시작이라는 사실에 조금씩 눈떠 가고 있었던 것입니다. 참된 복음이신 그리스도를 통해 말입니다.

닫는 글

그리스도의 초대

"너희는 이 세대를 본받지 말고 오직 마음을 새롭게 함으로 변화를 받아"(롬 12:2).

기독교 신앙은 삶의 변화를 요구합니다. 삶의 변화는 단순히 '변하는 것'(changing)이라기보다는 '형성하는 것'(forming)을 뜻합니다. 형성하는 것은 먼저 내용을 이해하고 받아들이는 터득의 과정(informing)을 필요로 합니다. 그러나 터득하는 것만으로는 충분하지 않습니다. 터득한 내용이 체화되도록(embodying), 곧 몸에 익을 때까지 끊임없이 훈련해야 합니다. 그렇기 때문에 터득한 지식과 정보에 만족하면서 그것만 붙들고 있으려는 태도는 바람직하지 않습니다.

성경은 삶의 형성을 넘어서서 한 방향으로의 지속적인 변화를 요구합니다. 그것이 바로 변혁으로서의 형성(transforming)입니다. 또한, 쉽게 세상에 동화되는(conforming to the world) 우리의 본성을 거슬러 살아가라고 촉구합니다. 지금까지 살펴본 성찬은 삶을 형성하는 방식들입니다. 그러나 그 자체로는 우리의 변화를 이끌어 내지 못합니다. 삶에서 성찬이 몸에 익을 수 있도록 의도적인 노력과 훈련을 지속해야 합니다.

성찬을 통해 우리의 삶을 형성하기 위해서는 무엇보다 교회에서 이루어지는 성찬 의식에 좀 더 의도적으로 참여해야 합니다. 이것은, 성찬을 예배 때마다 무조건 행해야 한다는 주장이 아닙니다. 성찬에 담긴 의미, 신앙과 삶의 형성을 위한 그 의미를 놓치지 말아야 한다는 것입니다.

그리스도인으로서의 정체성을 드러내는 방식, 감사의 고백과 표현 방식, 그리스도를 기억하고 삶에 연결하는 방식, 그리스도와의 사귐을 드러내는 방식, 자신과 공동체를 분별하는 방식, 정의를 드러내고 실천하는 방식, 진정한 성장을 위해 자라가는 방식, 그리고 복음을 표현하고 증명하는 방식, 이 모든 것이 성찬을 실천할 때 얼마나 선명히 드러나고 있는지, 또 그것들을 얼마나 경험하고 있는지를 생각하며 참여해야 한다는 말입니다.

성찬에서 제시하는 그리스도의 임재를 우리의 삶에서 구체화하기 위해서는 교회 공동체의 노력이 중요합니다. 성찬은 공동체의 실천을 통해서 개인을 그리스도 안에서 자라게 하는 그리스도의 식탁입니다. 물론 교회 공동체가 성찬을 실천할 때 매번 같은 의미를 반복할 필요는 없습니다. 중요한 것은 성찬에 담긴 풍성한 의미를 이해하도록 가르치는 것입니다.

이와 함께 그리스도의 희생뿐만 아니라 부활 이후 새롭게 다가오신 그리스도의 임재를 기뻐하는 것, 영적 결핍을 채우는 그리스도의 공급하심에 감사하는 것, 공동체의 연약한 지체를 돌보는 것, 그리스도의 식탁이 미치지 못한 이웃을 섬기는 것 등을 가르치면 좋습니다. 공동체가 같은 식탁에서 새로운 의미를 찾고, 다양한 신비를 경험하고, 그 안에서 먼저 성찬의 필요와 실천을 고백하는 데 도움이 될 것입니다.

또한 공동체에서 성찬을 실천할 때 그 의미를 설명하는 것과 함께 성찬의 의미를 담고 있는 기도를 포함하면 도움이 됩니다. 하나님의 창조, 그리스도의 구원, 성령님의 인도하심에 대한 세밀한 역사를 담아내는 공동의 기도를 성찬에 포함하면 공동체의 신앙 형성에 아주 유익한 도움을 받을 수 있습니다.

동시에 자기 삶에서 다양한 성찬의 의미가 실천되고 있는지 의도적으로 살피며 삶을 형성해 나가야 합니다. 성찬과 삶의 연결성에 대한 의도적인 관찰과 참여는, 성찬 의식과 삶을 하나로 일치시키는 부합성(congruence)을 위해 꼭 필요합니다. 부합성은 예배에서 경험하는 하나님과 일상에서 경험하는 하나님을 긴밀하게 연결시켜서 그분과의 관계를 더 깊이 발전시켜 주기 때문에 중요한 것입니다.

저희는 기대합니다. 독자들이 중세적인 태도로만 성찬에 참여하지 않기를 말입니다. 그것은 성찬을 단순히 그리스도의 희생 제사로 간주하는 반복적 되새김질입니다. 성찬은 희생 제사 이상의 의미를 담고 있습니다. 그것은 그리스도를 통한 창조의 아름다움과 포괄적인 구속을 통한 회복의 역사를 의미합니다. 그래서 그것은 그 모든 것을 허락하시는 하나님을 향해 축복의 고백을 하도록 만듭니다. 동시에, 이 먹고 마시는 과정을 통해서 독자들이 자기 삶의 전 영역을 그리스도와 연결시키는 방식을 터득할 수 있기를 기대합니다. 성찬을 통한 그리스도와의 연합을 통해 다른 지체들과의 더 깊은 연합도 일어나기를 또한 바랍니다. 마지막으로, 역사의 흐름 속에서 갇히고 흐려졌던 성찬의 의미들이 새롭게 꽃피고 열매 맺혀서, 독자들의 삶과 신앙을 형성해 나가기를 간절히 소원합니다.

2019년 부활의 초대를 기다리며

주종훈 이상예